LES DOCUMENTS DU TEMPS

NOUVELLES CONSIDÉRATIONS sur les CONSÉQUENCES de la PAIX

(A Revision of the Treaty)

par **J.-M. KEYNES**

Traduction FRANCK

1922

LIBRAIRIE STOCK
Delamain Boutelleau & Cie — PARIS

NOUVELLES CONSIDÉRATIONS

SUR

LES CONSÉQUENCES DE LA PAIX

DU MÊME AUTEUR

Les Conséquences économiques de la Paix, 1920, traduction française. (Nouvelle Revue Française, éd.).

E. GREVIN — IMP. DE LAGNY

LES DOCUMENTS DU TEMPS

NOUVELLES CONSIDÉRATIONS sur les CONSÉQUENCES de la PAIX

(A Revision of the Treaty)

par J.-M. KEYNES

Traduction FRANCK

1922

LIBRAIRIE STOCK

DELAMAIN, BOUTELLEAU ET Cie, ÉDITEURS — PARIS

155, Rue Saint-Honoré, Place du Théâtre-Français et 7, Rue du Vieux-Colombier.

AVERTISSEMENT DES ÉDITEURS

En publiant la traduction française de ces *Nouvelles Considérations* de M. J.-M. Keynes, — un des membres de la première délégation anglaise à la Conférence de la Paix, en qui M. Raymond Poincaré reconnaissait dans le *Temps* du 14 novembre 1921 « parmi les éminents économistes, un des plus éminents », — nous entendons remplir notre fonction d'informateurs du public.

Il s'agit ici d'opinions qui se fondent sur des faits ou des textes entièrement contrôlables et qui relèvent de la discussion. Il suffisait qu'elles fussent importantes pour engager l'éditeur à les livrer à l'examen des savants et à l'appréciation des lecteurs. Or les livres de M. J.-M. Keynes sur le Traité de Paix de Versailles et ses conséquences ont un retentissement immense et représentent les idées d'une partie considérable du public mondial. Il nous faut les connaître pour en adopter les conclusions, ou les réfuter.

Nous sommes heureux d'inaugurer cette collection des *Documents du Temps* — où nous accueillerons les ouvrages de toutes tendances s'ils ont une valeur objective réelle — par un travail qui répond si parfaitement à l'objet qu'elle se propose.

PRÉFACE

Les Conséquences économiques de la Paix, que j'ai publiées en décembre 1919, ont été rééditées à plusieurs reprises sans être revues ni corrigées. Nous avons appris tant de choses depuis cette époque, qu'il ne conviendrait plus de donner une édition rectifiée de cet ouvrage. J'ai pensé préférable de le laisser tel qu'il est, et de réunir, dans cette *suite*, les corrections et les additions que les événements rendent nécessaires, ainsi que mes propres réflexions.

Mais ce livre n'est qu'une *suite*. Je n'ai rien de très nouveau à dire sur ces questions fondamentales. Quelques-uns des remèdes que je préconisais il y a deux ans, sont devenus des lieux communs. Je n'ai rien d'extraordinaire à ajouter. Mon but, strictement limité, est de fournir des documents et des renseignements pour servir à une étude intelligente du problème des réparations.

« Le grand avantage de cette forêt, disait M. Clemenceau, au milieu des bois de pins de la Vendée, c'est qu'ici on ne trouve que des écureuils ! Il n'y a pas la moindre chance d'y rencontrer M. Lloyd George, ou le Président Wilson. » Je voudrais pouvoir dire la même chose de ce livre.

J.-M. KEYNES.

Kings College, Cambridge, décembre 1921.

NOUVELLES CONSIDÉRATIONS

SUR

LES CONSÉQUENCES DE LA PAIX

CHAPITRE PREMIER

L'ÉTAT DE L'OPINION

Les hommes d'État modernes ont pour méthode de dire autant de sottises qu'en réclame le public et de n'en faire pas plus que ne l'exige ce qu'ils ont dit. Ils pensent que l'on ne tarde pas à se rendre compte de l'inanité des actes qui suivent les folles paroles et que cela fournit l'occasion de revenir à la sagesse. C'est une application au public de la méthode Montessori pour les enfants. Celui qui contredit ce grand enfant qu'est le peuple est bientôt forcé de céder la place à d'autres maîtres. Qu'il loue donc la beauté des flammes que son élève veut saisir et la joie de briser les jouets; qu'il le pousse même, qu'il l'excite; mais, sauveur sage et prudent de la société, qu'il guette soigneusement le moment opportun de l'écarter du feu, échaudé et attentif.

Je conçois qu'on puisse défendre cette politique terrifiante. M. Lloyd George a pris la responsabilité d'un traité insensé, en partie inexécutable, qui constituait un danger pour la vie même de l'Europe. Il peut plaider, tous ces défauts une fois admis, que les passions ignorantes du public jouent dans le monde un rôle dont doivent tenir compte tous ceux qui aspirent à mener une démocratie.

Il peut dire que la paix de Versailles a constitué le meilleur règlement provisoire que permissent les réclamations populaires et le caractère des chefs. Il peut affirmer que, pour défendre la vie de l'Europe, il a pendant deux ans consacré son habileté et sa force à écarter où à modérer le danger.

De telles prétentions sont en partie exactes. L'histoire intérieure de la Conférence de la Paix, telle que l'ont divulguée les Français et les Américains qui y ont pris part, montre M. Lloyd George sous un jour assez favorable, luttant en général contre les excès du Traité et agissant au mieux tant qu'il ne courait aucun risque. Quant à l'histoire des deux dernières années, elle prouve qu'avec une rouerie sans égale, il a écarté de l'Europe, chaque fois qu'il a pu, toutes les conséquences funestes du Traité, sauvant la paix, sinon la prospérité du monde, exprimant rarement la vérité, mais agissant souvent sous son influence.

Il pourrait donc prétendre qu'esclave du Possible, il a, par des voies détournées, servi l'Humanité.

Peut-être a-t-il raison de penser que tout ce dont est capable une démocratie, c'est d'être trompée, dupée, abusée. Peut-être l'amour de la vérité, considéré en tant que méthode, n'est-il qu'une opinion personnelle et morale, politiquement inutilisable.

Nous n'en pouvons rien dire, le public lui-même ne s'instruit que par l'expérience. Le charme magique agira-t-il encore, lorsque la confiance que depuis longtemps on accorde aux hommes d'État sera épuisée ?

En tout cas les individualités privées ne sont pas obligées comme les ministres de sacrifier la vérité à la satisfaction du public. Il est permis à un particulier de parler et d'écrire librement.

C'est pour ces raisons que je ne crois pas avoir eu tort de fonder *les Conséquences économiques de la paix* sur l'interprétation littérale du Traité et d'examiner les résultats de son application éventuelle. J'ai prétendu que le traité était en grande partie *inexécutable*, mais je ne pensais point comme certains qu'il fût pour cela inoffensif. Dès les premiers temps, l'opinion des cercles autorisés fut convaincue de la plupart de mes conclusions. Mais il n'en importait pas moins que l'opinion publique les agréât aussi.

A l'heure actuelle, en effet, il y a deux opinions. Non pas, comme jadis, la vraie et la fausse, mais l'opinion des gens informés et celle du public;

l'opinion du public exprimée par les politiciens et les journalistes, et l'opinion des politiciens, des journalistes et des fonctionnaires, exprimée dans des milieux fermés. En temps de guerre, — et pour d'aucuns maintenant encore, — ce fut un devoir patriotique de rendre ces deux opinions aussi différentes que possible.

Tout cela n'est pas absolument nouveau, mais des changements se sont produits. Certains disent que M. Gladstone était un hypocrite. Si cela est, il ne laissa jamais tomber son masque dans la vie privée. Les grands tragédiens qui déclamaient jadis dans les parlements du monde conservaient, à dîner, la même intonation. Mais maintenant on ne peut pas porter dans la vie privée le fard de la vie publique, s'il est assez éclatant pour passer la rampe, — ce qui change considérablement la mentalité des acteurs eux-mêmes. Les foules qui vivent dans la salle de spectacle qu'est le monde, veulent quelque chose de plus grand que la vie et de plus simple que la vérité. Il n'est pas jusqu'au son, qui ne circule trop lentement dans ce vaste théâtre. Le mot n'est déjà plus lui-même, lorsque son écho a atteint le dernier auditeur.

Ceux qui vivent dans des milieux fermés et partagent les convictions intimes des dirigeants attachent à la fois trop et trop peu d'attention à l'opinion extérieure. Trop, parce que, prêts par leurs paroles et leurs promesses à tout lui abandonner, ils considèrent l'opposition franche comme ridiculement vaine. Trop peu, parce qu'ils pensent que leurs propres engagements devant certainement se modifier en temps utile, il est prétentieux, fatigant et inopportun d'en étudier le sens littéral et les conséquences exactes. Ils savent tout cela presque aussi bien que le critique lorsqu'il s'excite en vain sur des résultats qui, de son propre avis, ne pourront pas se produire. Néanmoins les déclarations publiques agissent plus profondément que ces murmures souterrains et ces chuchotements bien informés. Ce sont pourtant ceux-là qui permettent à la conviction secrète de se sentir supérieure à l'opinion publique, à l'instant même où elle s'incline devant elle.

Mais il y a une autre difficulté. En Angleterre, — sans doute en va-t-il de même à l'étranger, — il y a deux opinions publiques. Celle qu'expriment les journaux et celle à laquelle croit chacun de ceux qui constituent la masse. Ces deux degrés de l'opinion publique sont plus proches l'un de l'autre que de l'opinion secrète des cercles autorisés et sont même identiques en quelques points.

Cependant, il y a une différence réelle entre le dogmatisme et la précision de la presse et les croyances vivantes, indéterminées de l'individu. J'imagine que, même en 1919, l'Anglais moyen ne croyait pas à l'indemnité. Il l'envisageait toujours avec quelque sentiment de doute intellectuel. Mais il lui semblait que pour le moment cela ne pouvait pas faire de mal de pousser la campagne des réparations. Il pensait aussi d'après ses sentiments personnels qu'il était mieux de croire à la possibilité de paiements illimités qu'à l'idée contraire, en admettant même que ce contraire fût plus plausible. La récente évolution de l'esprit public anglais est donc en partie seulement rationnelle et résulte plutôt des événements nouveaux. En effet, en même temps que les sentiments se font moins impératifs, on comprend que la campagne pour les réparations ne pourrait plus aller sans dommages pratiques. Les Anglais sont donc prêts à examiner des arguments dont ils savaient l'existence sans qu'ils les eussent regardés directement.

réparations du Traité de Versailles tombe en pièces. Il est peu probable que nous voyions jamais les conséquences désastreuses de sa mise en œuvre.

J'entreprends une double tâche dans les chapitres suivants. Je commence par la chronique des événements et l'exposé des faits. Je conclus par des propositions concernant ce que nous devons faire. C'est naturellement à la seconde partie que j'attache la première importance. Mais il n'y a pas seulement un intérêt historique à jeter un coup d'œil sur le récent passé. Si nous regardons de près les deux dernières années, (et en général, la mémoire est si faible que c'est à peine si nous connaissons mieux le passé que l'avenir), nous serons surtout étonnés par la quantité considérable de mensonges funestes dont on a fait usage. Mes conclusions supposent que ce facteur a cessé d'être politiquement nécessaire. Les convictions cachées peuvent se dévoiler à l'opinion. Et ce n'est plus être inutilement indiscret que de parler raisonnablement au public.

CHAPITRE II

DE LA RATIFICATION DU TRAITÉ DE VERSAILLES AU SECOND ULTIMATUM DE LONDRES

I. — L'EXÉCUTION DU TRAITÉ ET LES PLÉBISCITES.

Le traité de Versailles fut ratifié le 10 janvier 1920, et sauf en ce qui concerne les zones de plébiscite, ses dispositions territoriales furent exécutées à cette date. Le plébiscite du Schleswig (février-mars 1920) accorda, par une majorité décisive, le nord au Danemark et le sud à l'Allemagne. Le plébiscite de Prusse orientale (juillet 1920) donna une écrasante majorité à l'Allemagne. Le plébiscite de Haute-Silésie (mars 1921) procura à l'Allemagne une majorité des deux tiers dans la province envisagée dans son ensemble (1),

(1) Plus exactement, sur 1.220.000 électeurs et 1.186.000 votants, 707.000 voix ou 7/11 se prononcent pour l'Allemagne et 479.000 soit les 4/11 pour la Pologne. Sur 1.522 communes

mais indiqua aussi une majorité polonaise dans certains districts du Sud et de l'Est.

D'après ce vote, en tenant compte de l'unité industrielle de certains districts disputés, les principaux Alliés, à l'exception de la France, pensaient que sauf les districts Sud-Orientaux de Pless et de Rybnik qui, bien qu'ils contiennent des mines de houille très importantes et non exploitées, présentent un caractère agricole, la presque totalité de la province devait être attribuée à l'Allemagne. La France se refusa à accepter cette solution et tout le problème fut soumis à l'arbitrage de la Société des Nations. Cet organisme divisa la région industrielle suivant la justice ethnique. Pour éviter les conséquences de ce partage, il proposa des mesures économiques compliquées d'une efficacité douteuse, dans l'intérêt de la prospérité industrielle. On limita ces dispositions à quinze ans, dans l'idée, sans doute, que quelque chose se serait produit pour reviser cette décision, avant l'expiration du délai. La frontière, en général, a été tracée, sans qu'on tînt le moindre compte des considérations économiques, pour laisser le plus possible d'Allemands et de Polonais de part et d'autre (d'ailleurs, pour arriver à ce résultat, on crut nécessaire d'attribuer à la Pologne deux villes presque exclusivement allemandes, Kattowitz et

844 donnèrent la majorité à l'Allemagne et 678 à la Pologne. Les électeurs polonais se trouvaient surtout dans les campagnes, comme l'indique ce fait que dans 36 villes l'Allemagne recueillit 267.000 voix contre 70.000 voix pour la Pologne et dans les campagnes 440.000 contre 409.000 à la Pologne.

Beuthen). De ce point de vue, l'œuvre semble avoir été accomplie loyalement. Mais le traité avait pourtant indiqué que les questions économiques et géographiques devaient aussi être prises en considération.

Je n'ai point l'intention d'examiner en détail la valeur de la décision de la Société des Nations. On croit en Allemagne que des influences souterraines exercées par la France contribuèrent au résultat obtenu. Je ne pense pas qu'il y ait eu là un facteur décisif. Cependant, les fonctionnaires de la Ligue, soucieux, dans l'intérêt même de la Société des Nations, d'aboutir à un résultat qui permît aux membres du Conseil de la Ligue de s'entendre entre eux, étaient naturellement portés vers une solution que la France pût accepter. C'est au sujet de la valeur de cette méthode de régler les affaires internationales que la décision soulève les doutes les plus graves.

Quand les questions sont simples, il n'y a pas de difficultés. On ne fait appel à la Société des Nations que lorsque se produit un conflit de revendications opposées et inconciliables. Seules des personnes impartiales, désintéressées, bien informées, jouissant d'une grande autorité, tenant compte de toutes les considérations, peuvent prendre une bonne décision. Depuis que la Justice Internationale a affaire à de vastes organismes et non à une multitude de petites unités, elle ne peut plus être semblable aux arrêts confectionnés d'avance par le législateur pour un tribunal de première instance. Il serait donc dangereux de confier le règlement des conflits actuels, inhérents à la structure complexe de l'Europe, à de vieux messieurs de l'Amérique du Sud ou de l'Asie Orientale qui croient que leur devoir est de tirer une interprétation strictement légale des documents authentiques, ne tenant compte ainsi, dans la recherche d'une simplicité inexistante, que du moins de choses possibles. Cette méthode ne nous donnerait que des jugements de Salomons, de Salomons aux yeux bandés, décidés à l'exécution de leur décision, ou disant : « Coupez l'enfant en deux. »

Le dogme wilsonien, qui exalte les divisions des races et élève le principe des nationalités au-dessus des obligations du commerce et de la culture, et qui garantit les frontières sans créer le bonheur, est profondément ancré dans la conception de la Société des Nations, telle qu'elle est à présent constituée.

Il nous montre, — résultat paradoxal, — la première tentative de gouvernement international exerçant son influence dans le sens du renforcement de nationalisme.

D'un certain point de vue étroit, le Conseil de la Ligue peut défendre avec force sa décision. De là les réflexions qui précèdent. Mes critiques le frappent bien plus que ne ferait une simple accusation de partialité.

Les résultats des plébiscites réglèrent la frontière de l'Allemagne.

En janvier 1920, les Alliés demandèrent à la Hollande de livrer le Kaiser. Les gouvernements intéressés cachèrent à peine la satisfaction que leur causa son refus (23 janvier 1920). Au même moment on réclama la livraison de quelques milliers de criminels de guerre, mais en face de la protestation passionnée de l'Allemagne, on n'insista pas. On décida qu'un certain nombre de cas seraient poursuivis, non devant les tribunaux alliés, comme le prévoyait le traité, mais devant une Haute Cour Allemande à Leipzig. Quelques-uns de ces procès ont été jugés, mais, maintenant, par consentement tacite, on ne parle plus de rien.

Le 13 mars 1920, un coup d'état, le putsch de von Kapp, eut pour résultat de mettre la capitale aux mains des réactionnaires durant cinq jours et d'obliger le gouvernement Ebert à fuir à Dresde. L'échec de ce coup d'état, dû principalement à la grève générale, — il est curieux de constater que le premier succès de cette arme servit à défendre l'ordre établi — fut suivi par des troubles communistes en Westphalie et dans la Ruhr. Pour réprimer ces émeutes, le gouvernement allemand envoya dans ces provinces plus de troupes que ne lui permettait le Traité. La France, sans le concours de ses alliés, profita de l'occasion pour occuper Francfort (6 août 1920) et Darmstadt. C'est à ce propos que se réunit la première des conférences dont nous parlons plus loin, — la Conférence de San Remo.

Ces événements, et aussi la question de savoir

si le Gouvernement central était en état de renforcer son autorité en Bavière, furent cause des ajournements successifs du désarmement imposé par le traité pour le 31 mai 1920 jusqu'à l'ultimatum de Londres du 5 mai 1921.

Restent les réparations. Au cours de 1920, l'Allemagne exécuta certaines restitutions et livraisons spéciales prévues par le traité. Une grande quantité de biens identifiables, retirés de France et de Belgique, furent rendus à leurs propriétaires (1). La marine marchande fut livrée. L'Allemagne remit quelques produits tinctoriaux et du charbon, mais elle ne versait point d'argent comptant, et le vrai problème des réparations était toujours ajourné (2).

Avec les Conférences du printemps et de l'été de 1920, commence la longue série des tentatives accomplies pour pallier aux impossibilités du traité et le rendre exécutable.

II. — Les Conférences de San Remo (19-26 avril 1920; de Hythe (15 mai et 19 juin 1920); de Boulogne (21-22 juin 1920); de Bruxelles (2-3 juillet 1920) et de Spa (5-16 juillet 1920).

Il est difficile de considérer à part chacune des

(1) Jusqu'au 31 mai 1920 des titres et autres valeurs mobilières pour une valeur de 8.300.000.000 de francs, 1.500.000 tonnes de machines et de matières premières, 445.000 têtes de bétail furent rendues à la France (rapport de la commission des finances, 14 juin 1920).

(2) Jusqu'à mai 1921, la commission des réparations n'encaissa pas plus de 124.000.000 de marks-or.

conférences entre premiers ministres alliés qui occupèrent l'année, d'avril 1920 à avril 1921. Le résultat de chacune d'elles était insuffisant, mais l'effet général fut important. Par des degrés successifs, les projets de révision du traité gagnèrent du terrain de toutes parts. Ces conférences fournissent un exemple extraordinaire des procédés de M. Lloyd George. A chacune d'entre elles, il soutenait les Français autant qu'il le pouvait, mais pas autant que son partenaire l'eût voulu. Il rentrait dans son pays, vantait le règlement obtenu (et destiné à être révisé un mois plus tard) comme l'expression d'un accord complet entre son collègue français et lui-même, disait que c'était là l'incarnation presque parfaite de la sagesse, affirmait que l'Allemagne ferait bien de considérer la décision des Alliés comme définitive et ajoutait que si elle s'y refusait il approuverait l'invasion de son territoire. Sa réputation chez les Français ne s'améliorait pas mais peu à peu il atteignait son but. Il est vrai qu'on peut attribuer ce résultat non à la supériorité de ses méthodes, mais aux faits, qui étaient toujours avec lui.

La première Conférence de la série, celle de San Remo (19-26 avril 1920), fut tenue sous la présidence du Premier italien, M. Nitti, qui ne cachait point qu'il désirait que le traité fût revisé. M. Millerand, bien entendu, voulait qu'on le respectât, tandis que M. Lloyd George, si l'on en croit *le Times*, occupait une position intermédiaire. Lorsqu'il fut évident que le ministre français n'accepterait aucune formule nouvelle, M. Lloyd George concentra ses efforts sur l'établissement d'une discussion verbale entre le conseil suprême et le gouvernement allemand. Une telle réunion, si extraordinaire que cela paraisse, n'avait jamais eu lieu, ni à l'époque de la Conférence de la Paix ni depuis lors. Il ne parvint pas à faire inviter immédiatement des délégués allemands à San Remo, mais réussit à les faire convoquer pour le mois suivant à Spa, « pour discuter l'application pratique du chapitre des réparations ». C'était là le premier pas, et pour le reste, la Conférence se contenta d'une déclaration relative au désarmement de l'Allemagne. M. Lloyd George avait dû concéder à M. Millerand que l'intégrité du traité serait maintenue, mais, à la Chambre des Communes, il déclara qu'il préférait qu'on ne l'appliquât point dans « un sens trop littéral ».

Au mois de mai, les premiers ministres se réunirent en particulier à Hythe pour examiner la conduite qu'ils auraient à Spa. L'idée des annuités variables, qui joua un grand rôle dans les décisions de Paris et au sujet du second ultimatum de Londres, fut définitivement jetée sur le tapis. Un comité d'experts fut désigné, pour préparer un plan, selon lequel l'Allemagne devait payer chaque année une somme minima, augmentée de versements supplémentaires selon ses moyens. Cela ouvrait la voie à de nouvelles idées, mais on n'était pas d'accord sur les chiffres. La Conférence de Spa fut retardée d'un mois.

Les Premiers se rencontrèrent le 21 juin 1920 à Boulogne, après avoir passé le week-end à Hythe le 19. On rapporte qu'à cette occasion les Alliés allèrent jusqu'à se mettre d'accord sur le principe de l'annuité minima, variable selon les degrés de la renaissance économique de l'Allemagne. On donna même des chiffres, à savoir : une période de trente-cinq ans et des annuités minima de trois milliards de marks-or. La conférence de Spa fut encore ajournée.

Les ministres se réunirent encore (à Bruxelles, les 2 et 3 juin 1920) pour examiner l'attitude qu'ils adopteraient à la Réunion de Spa. Ils discutèrent bien des sujets, spécialement la proportion selon laquelle les réparations hypothétiques seraient réparties entre les créanciers. Mais ils ne firent aucun plan concret. En même temps les experts allemands remirent un mémorandum qui montrait clairement qu'aucun projet politiquement possible en France n'était économiquement réalisable en Allemagne. « La note des experts économiques allemands, écrivait le *Times* du 3 juillet 1920, équivaut à une demande de révision complète du Traité de Paix. Les Alliés doivent donc se demander s'ils convoqueront les Allemands pour leur donner des ordres sous la menace de sanctions déterminées, ou s'ils courront le risque de paraître faibles, en perdant leur temps au milieu des tergiversations allemandes. » C'était là une bonne idée. Si les Alliés ne pouvaient pas s'entendre sur la révision du Traité, ils pourraient établir un accord complet entre eux, en convoquant les Allemands pour leur donner des ordres.

Enfin, le 5 juillet 1920, la conférence si longtemps annoncée se réunit, mais, bien qu'elle ait duré douze jours, on ne trouva pas le temps d'en arriver au chapitre qu'on avait d'abord décidé de discuter, c'est-à-dire aux réparations. Avant que cette question périlleuse fût débattue, des engagements urgents rappelèrent M. Millerand à Paris. Un des principaux sujets que l'on traita fut le charbon. Nous l'examinons dans l'annexe I. Mais la signification principale de la conférence consistait dans le fait que, pour la première fois, des ministres et des experts alliés et allemands s'étaient réunis face à face et avaient employé les méthodes des conférences publiques et même des conversations privées. La Conférence de Spa ne produisit aucun plan. Mais elle était un signe extérieur de progrès.

III. — La Conférence de Bruxelles (16-22 décembre 1920).

Au moment où la Conférence de Spa évitait d'aborder la question générale des réparations, on convint qu'il faudrait se saisir du problème rapidement. Mais le temps passa et rien ne se produisit. Le 23 septembre 1920, M. Millerand devint Président de la République française et M. Leygues fut nommé Président du Conseil.

L'opinion officielle française répudiait les concessions faites à Boulogne à M. Lloyd George, et que le public n'avait jamais pleinement admises. Elle préférait laisser la commission des réparations accomplir la tâche qui lui était confiée. Enfin, le 6 novembre 1920, après une longue correspondance diplomatique, on annonça une fois de plus que les gouvernements français et anglais étaient parfaitement d'accord. Des experts nommés par la commission des réparations devaient rencontrer des experts allemands et faire un rapport, puis les ministres alliés devaient tenir une conférence avec le gouvernement allemand et faire un rapport. Sur le vu de ces deux rapports, la commission des réparations devait fixer le montant de la dette allemande. En fin de compte les chefs des gouvernements alliés devaient se réunir et prendre une décision. « Ainsi, disait le *Times*, après de longs errements dans le vide, nous voilà revenus une fois de plus au Traité de Versailles. »

La première étape de cette vaste procédure fut en réalité parcourue et des fonctionnaires alliés (1) se rencontrèrent avec les délégués allemands à Bruxelles, peu de temps avant la Noël, pour vérifier les faits et examiner la situation dans son

(1) Lord d'Abernon et Sir John Bradbur pour l'Angleterre, Seydoux et Cheysson pour la France, d'Amelio et Giannini pour l'Italie. Delacroix et Lepreux pour la Belgique, ainsi que deux Japonais, selon l'usage. Les représentants allemands étaient Bergmann, Havenstein, Cuno, Melchior, von Stauss, Bonn et Schrœder.

ensemble. C'était une conférence d'experts, qu'il faut distinguer des conférences d'hommes d'État qui la précédèrent et la suivirent.

L'œuvre accomplie à Bruxelles par les experts fut si complètement ignorée et bouleversée par les ministres à Paris, peu de temps après, qu'il est inutile de l'étudier dans ses détails. Elle marque cependant une nouvelle phase de nos relations avec l'Allemagne. Les fonctionnaires, de part et d'autre, se réunirent pour échanger des renseignements et parlèrent comme des êtres raisonnables. Ils représentaient ce qu'il y a de mieux dans ce qu'on peut appeler le « Fonctionnarisme International », cynique, humain, intelligent, soucieux des faits et des solutions réalistes.

Des deux côtés on pensa avoir fait un pas vers un résultat, le respect réciproque en fut accru et l'on regretta d'avoir à abandonnner trop tôt des pourparlers sensés.

Les experts de Bruxelles n'étaient pas libres d'envisager des paiements moyens inférieurs à ceux qu'avait fixés la conférence de Boulogne. Ils proposèrent aux gouvernements alliés le plan suivant :

1° Durant cinq ans, de 1921 à 1926, l'Allemagne paiera une annuité *moyenne* de 3.000.000.000 (trois milliards) de marks-or, mais cette annuité moyenne pourra être répartie entre les cinq années de telle sorte que les premiers versements soient les moindres et les derniers les plus forts.

La question des règlements ultérieurs était laissée de coté ;

2° Une partie considérable de cette somme sera payée en marchandises et non en monnaie ;

3° Les dépenses annuelles des armées d'occupation seront ramenées à 240.000.000 de marks-or, qui seront prélevés sur les annuités ci-dessus ;

4° Les Alliés renonceront à se faire construire des vaisseaux par l'Allemagne et cesseront d'une façon définitive ou pendant un certain temps de réclamer la livraison d'un certain nombre de navires allemands ;

5° De son côté, l'Allemagne mettra de l'ordre dans ses finances et acceptera que les Alliés placent ses douanes sous leur contrôle au cas où elle manquerait à ses obligations.

IV. — Les Décisions de Paris (24-30 janvier 1921).

Les propositions de Bruxelles ne fournissaient pas un règlement permanent, mais elles représentaient un grand progrès sur le traité.

A la même époque, l'opinion française se soulevait cependant contre les concessions projetées. Il apparut que M. Leygues ne pourrait pas faire accepter par la Chambre le plan discuté à Boulogne. Des intrigues politiques prolongées portèrent M. Briand à la présidence du Conseil. Les défenseurs les plus acharnés de l'exécution intégrale du traité de Versailles, M. Poincaré, M. Tardieu, M. Klotz restaient dans l'opposition.

Les projets de Boulogne et de Bruxelles furent écartés et une nouvelle conférence fut appelée à se réunir à Paris à la fin de janvier 1921.

On se demanda d'abord si les pourparlers ne se termineraient pas par une rupture entre la France et l'Angleterre. M. Lloyd George éprouvait une indignation légitime à l'idée d'avoir à abandonner la plus grande partie du terrain qu'il pensait avoir définitivement conquis à Boulogne. Avec de pareilles tergiversations, les négociations n'étaient qu'une perte de temps. Il ne voulait pas non plus demander à l'Allemagne des paiements que tous les experts trouveraient irréalisables. Pendant quelques jours il fut inaccessible aux prétentions françaises, mais au fur et à mesure des pourparlers, il comprit que M. Briand avait des tendances voisines des siennes, et que, quoiqu'il pût dire en public, il pensait raisonnablement. La rupture des négociations aurait signifié la chute de Briand et l'avènement de M. Poincaré et de M. Tardieu, qui, si leurs paroles devaient être prises au sérieux, et ne constituaient pas une simple ruse pour conquérir le pouvoir, étaient capables de troubler la paix de l'Europe. Ne valait-il pas mieux que MM. Lloyd George et Briand restassent en conversations, masquant leur commun bon sens de quelques sottises sans grande portée? Cette opinion l'emporta et l'on envoya à l'Allemagne un ultimatum sur les bases suivantes :

Les paiements au titre des réparations, proposés à l'Allemagne par la Conférence de Paris, se composaient d'une partie fixe et d'une partie variable. La première était de 2 milliards de marks-or par an pour les deux premières années, de 3 milliards pour les trois années suivantes, de 4 milliards pour les trois années ultérieures, de 5 milliards pour les trois années qui viendraient ensuite, et enfin de 6 milliards par an pendant 31 ans. La fraction variable consistait en une somme annuelle, ajoutée à la précédente et égale à 12 p. 100 de la valeur des exportations allemandes. D'après ce plan, les paiements fixes s'élevaient à un total de 226.000.000 de marks-or, légèrement inférieur au chiffre envisagé à Boulogne, mais augmenté du pourcentage sur les exportations.

L'élément variable rend impossible l'évaluation exacte de cette charge, et il n'importe plus d'entrer dans le détail. Mais, à l'époque, j'avais calculé, sans être contredit, que ces propositions représentaient, en période normale, des versements annuels de 8 milliards de marks-or, soit le double des chiffres les plus élevés qui eussent jamais été justifiés par les compétences anglaises ou américaines.

Mais les décisions de Paris, suivant de près les discussions de Boulogne et de Bruxelles, ne furent pas prises au sérieux. Elles servirent seulement à donner à M. Briand le temps de respirer. Je me demande si l'on vit jamais pareille chose. Le monstre avait échappé à la surveillance de ses auteurs et les hommes d'État les plus puissants

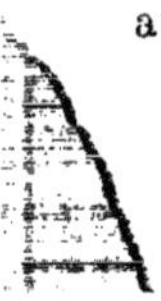

du monde se trouvèrent dans une invraisemblable situation qui les forçait, — sous l'influence de forces auxquelles ils ne pouvaient échapper, — à se rencontrer constamment pour discuter en détail sur des points qu'ils savaient inexistants.

M. Lloyd George réussit cependant à écarter sa barque des plus voisins récifs. La question des sanctions fut ajournée et l'on invita les Allemands à apporter verbalement leur réponse un mois plus tard à Londres.

M. Briand obtint la confiance de la Chambre. « Au cours de toute sa carrière d'orateur et de parlementaire, écrit le *Times*, M. Briand a rarement été en aussi bonne forme. La déroute de M. Tardieu fut dramatique, aussi pénible parfois pour les spectateurs que pour la victime ». M. Tardieu avait exagéré. Il s'était fait applaudir en déclarant « que durant la dernière année, la politique de la France avait été fondée sur la présomption d'impossibilité d'exécution des clauses financières du Traité, et que c'était justement là la thèse du pacifiste, M. Keynes, et du délégué allemand, M. de Brockdorff-Rantzau ». Mais, à cette époque, il devenait ridicule, même en France, de louer la perfection du Traité.

« Lorsque, dit M. Briand en montant à la tribune, j'appris que M. Tardieu allait m'interpeller, je me permis d'en être assez satisfait. Je me dis que M. Tardieu était un des principaux auteurs du Traité de Versailles, que, comme tel, s'il en connaissait les qualités, il n'en ignorait point les défauts et qu'il serait par conséquent indulgent pour un homme qui avait fait de son mieux pour l'appliquer. Mais voilà, je ne pensai point que M. Tardieu avait déjà consacré toute son indulgence à l'œuvre qu'il avait accomplie. »

V. — La première Conférence de Londres (1er-7 mars 1921).

Les propositions de Paris furent prises au sérieux en Allemagne où elles provoquèrent de vives protestations. Le docteur Simons accepta cependant de se rendre à Londres et ses experts se mirent à rédiger nn contre-projet.

Le 13 février, il déclara, à Stuttgart : « A la Conférence de Bruxelles, j'étais d'accord avec les représentants de la France et de l'Angleterre. La Conférence de Paris a détruit cette union. Une catastrophe s'est produite. L'opinion publique allemande ne peut pas oublier les chiffres qu'on lui propose. Il est impossible maintenant de revenir au plan Seydoux, au règlement provisoire pour cinq ans, car le peuple d'Allemagne verrait toujours les énormes réclamations des Alliés se dresser devant lui comme un spectre... Nous aimons mieux subir des commandements injustes que prendre des engagements que nous ne sommes pas certains de pouvoir tenir. »

Le 1er mars 1921, le docteur Simons présenta son contre-projet aux Alliés assemblés à Londres. Semblable aux contre-propositions de Brockdorff-

Rantzau à Versailles, il n'était ni très clair, ni parfaitement intelligible. On dit même qu'il ne représentait pas l'avis unanime des experts allemands. Au lieu d'indiquer franchement ce que l'Allemagne pensait pouvoir faire, le docteur Simons prenait pour base les sommes proposées à Paris, et, par des tours de passe-passe transparents et futiles, entreprenait de les ramener à des chiffres très différents. Voici comme il s'y prit : soit le total des annuités fixes de la Conférence de Paris, de 226 milliards de marks-or. Calculez sa valeur actuelle à 8 p. 100, soit 50 milliards de marks-or. Déduisez-en la valeur supposée des livraisons accomplies par l'Allemagne, soit 20 milliards de marks-or. Il reste 30 milliards. C'est là tout ce que l'Allemagne peut payer. Que les Alliés émettent un emprunt international de 8 milliards de marks-or. L'Allemagne en paiera l'intérêt et l'amortissement, plus un milliard de marks-or par an, pendant cinq ans, pour rembourser, sans qu'elle porte intérêt pendant ce temps, la somme de 22 milliards restant en excédent des 8 milliards. Au bout de cinq ans, on révisera le taux de l'intérêt.

Toutes ces propositions étaient faites sous la condition du maintien de la Haute-Silésie dans le Reich, et de la levée de toutes les entraves apportées au commerce allemand.

La substance de ce plan n'était pas dénuée de toute valeur. Mais les chiffres étaient très inférieurs à ceux mêmes des experts de Bruxelles, et le sort du projet fut influencé par la manière dont il fut exposé. Il fut sommairement repoussé.

Deux jours plus tard, M. Lloyd George lut à la délégation allemande une note sur les responsabilités de l'Allemagne, affirma que de telles propositions étaient une insulte et prétendit que les impôts en Allemagne étaient infiniment moins élevés qu'en Angleterre. Puis il fit au nom des Alliés une déclaration aux termes de laquelle l'Allemagne était en défaut quant à la livraison des criminels de guerre et au paiement en espèces ou en nature des 20 milliards de marks-or. Il termina par un ultimatum. L'Allemagne devait lui faire savoir avant le lundi 7 mars qu'elle était prête à accepter les propositions de Paris, ou à soumettre un plan qui satisferait d'une façon équivalente, par d'autres moyens, aux engagements pris par elle aux termes du traité de Versailles, faute de quoi les Alliés prendraient les mesures suivantes :

1° Occupation de Duisbourg, Ruhrort et Dusseldorf, sur la rive droite du Rhin ;

2° Retenue sur tous les paiements dus à l'Allemagne pour des marchandises allemandes livrées dans les pays alliés ;

3° Établissement d'une barrière douanière entre la Rhénanie occupée et le reste du territoire du Reich ;

4° Saisie des droits payés par les marchandises entrant dans la zone d'occupation ou en sortant.

Pendant quelques jours, les négociations se poursuivirent, en vain, dans les coulisses. Le 6 mars à minuit, M. Loucheur et lord d'Abernon proposèrent à l'Allemagne de payer pendant 30 ans 3 milliards de marks-or par an plus un pourcentage de 30 p. 100 sur la valeur de ses exportations (1).

La conférence officielle reprit le 7 mars. « Une foule nombreuse était assemblée autour de Lancaster House, acclamant le maréchal Foch et M. Lloyd George. Partout on criait : « Lloyd George, faites-les payer ! » On regardait curieusement les délégués allemands. Le général Von Seeckt portait un uniforme et un sabre. Il avait également un monocle, à la manière des officiers prussiens, et semblait incarner le militarisme prussien. Le maréchal Foch, le Feld-Maréchal Sir Henry Wilson, les autres officiers alliés étaient aussi en uniforme (*Times*, 8 mars 1921).

Le docteur Simons fit connaître sa réponse. Il acceptait le régime fixé par la Conférence de Paris pour les cinq premières années, à la condition que l'Allemagne fût aidée par des emprunts et pût conserver la Haute-Silésie. A la fin des cinq ans, on remettrait en vigueur le Traité dont il préférait les dispositions à celles de Paris. « Quant à la question des origines de la guerre, dit-il, elle ne peut être réglée ni par le traité, ni par des

(1) Comparer cette proposition avec le paiement fixe de 2 milliards par an et le pourcentage de 26 p. 100 proposés deux mois seulement plus tard, lors du second ultimatum de Londres.

aveux, ni par des sanctions. Seule l'histoire pourra dire qui est responsable. Les événements sont encore trop près de nous ». Il déclara que les sanctions dont on le menaçait étaient illégales. L'Allemagne ne pouvait pas être en défaut quant aux réparations, tant que la commission des réparations n'aurait pas fait les déclarations qu'elle devait faire avant le 1er mai. Le Traité ne permettait pas l'occupation de nouveaux territoires allemands. La retenue d'une partie du prix des marchandises allemandes était contraire aux engagements pris par les gouvernements anglais et belge. Quant à l'établissement d'un tarif douanier spécial en Rhénanie, l'article 270 ne l'autorisait que pour protéger les intérêts de la population rhénane et non pour punir tout le peuple allemand de l'inexécution du Traité.

Ces arguments étaient irréfutables, et M. Lloyd George n'essaya pas de répondre. Il annonça que les sanctions seraient appliquées immédiatement.

La rupture des négociations fut accueillie à Paris avec un « soupir de soulagement » (*Times*, 8 mars 1921) et le Maréchal Foch donna des ordres télégraphiquement pour que ses troupes se missent en marche le lendemain à 7 heures du matin.

La Conférence de Londres ne produisit donc aucun nouveau plan de réparations. En acceptant les décisions de Paris, M. Lloyd George avait été entraîné trop loin. L'attitude de certains délégués allemands lui avait déplu personnellement et l'échec de ce qui, tout d'abord, ne devait être qu'un bluff, finit par l'amener à accepter de renforcer les décisions de Paris par l'invasion de l'Allemagne. Les sanctions économiques, légales ou non, ne pouvaient évidemment pas servir à procurer de l'argent. Elles n'avaient pas été établies dans ce but, mais tendaient plutôt à effrayer l'Allemagne et à l'obliger à signer des promesses qu'elle ne voulait, ni ne pouvait tenir. Elles indiquaient un progrès sérieux de la politique préconisée par certains Français qui prétendaient détacher d'une manière permanente la Rhénanie de la République allemande. La gravité de la Conférence de Londres provenait et de l'approbation donnée par l'Angleterre à cette politique et du mépris manifesté pour les formes et la légalité.

Car il était impossible de justifier aux termes du Traité l'occupation des trois villes allemandes (1). M. Lloyd George tenta de le faire à la Chambre des Communes, mais il dut abandonner cette prétention.

L'objet des Alliés était de forcer l'Allemagne à accepter les décisions de Paris. Mais l'Allemagne était en droit de les repousser en toute liberté, puisque les propositions qu'elles impliquaient étaient en dehors du Traité, et se présentaient, par certains caractères, comme contraires au Traité. Les Alliés avaient donc besoin d'un prétexte. Ils ne se donnèrent pas de mal pour le trouver et

(1) Une semaine ou deux plus tard, le Gouvernement allemand fit appel à la Société des Nations, mais je ne sache pas que cet organisme ait fait quoi que ce soit.

firent vaguement allusion aux criminels de guerre et au paiement des vingt milliards de marks-or.

La prétention que l'Allemagne était en défaut quant à ce paiement était manifestement insoutenable à cette date (7 mars 1921), car, d'après le Traité, elle ne devait verser cette somme que le 1er mai, « suivant telles modalités que la Commission des réparations pourrait fixer », et, au mois de mars 1921, la Commission n'avait pas encore réclamé ce paiement (1). Mais, en admettant qu'elle n'eût point exécuté les clauses relatives aux criminels de guerre, ni le chapitre du désarmement, — les dispositions originales du Traité avaient été si souvent modifiées qu'il était impossible de savoir jusqu'à quel point notre prétention était exacte, — nous devions préciser nos griefs, et, si nous menacions de sanctions, faire cadrer celles-ci avec la nature de nos accusations. Nous n'avions pas le droit d'émettre de vagues réclamations et de menacer l'Allemagne de sanctions, si elle ne se soumettait pas à des obligations qui n'avaient aucun rapport avec nos plaintes. L'ultimatum du 7 mars substitua au Traité l'application de la force mise au service de réclamations variables. Toutes les fois que l'Allemagne manquait à l'une quelconque des parties du Traité, les Alliés se croyaient en effet autorisés à apporter

(1) Quelques semaines plus tard, la commission des réparations entreprit de mettre de l'ordre dans les actes du Conseil Suprême, en demandant un milliard de marks en or, soit la plus grande partie de la réserve de la Reichsbank. Cette réclamation fut laissée de côté par la suite.

les changements qui leur convenaient à toute autre partie de ce texte.

En tout cas l'invasion de la rive droite du Rhin n'entrait pas dans la légalité du Traité de Versailles. La question prit une importance encore plus grande lorsque, le mois suivant, les Français manifestèrent l'intention d'occuper la Ruhr.

VI. — La seconde Conférence de Londres (29 avril-5 mai 1921).

Les deux mois qui suivirent furent orageux. Les sanctions compliquaient la situation en Allemagne, sans laisser prévoir la capitulation du gouvernement du Reich. Vers la fin du mois de mars, le Cabinet de Berlin sollicita l'intervention des États-Unis et transmit par leur entremise une nouvelle contre-proposition aux Alliés. Cette offre, plus franche et plus précise, était matériellement préférable à celle du docteur Simons. Ses dispositions étaient les suivantes :

1° La dette allemande est fixée en valeur actuelle à 50 milliards de marks-or.

2° La plus grande partie possible de cette somme sera fournie immédiatement par un emprunt international, émis sur des bases séduisantes, dont le montant sera remis aux Alliés et aux intérêts duquel l'Allemagne s'engage à faire face.

3° L'intérêt sur le reliquat sera pour commencer de 4 p. 100.

4° Le fonds d'amortissement variera d'après le relèvement de l'Allemagne.

5° L'Allemagne, pour s'acquitter en partie des obligations ci-dessus, prendra à sa charge la reconstruction des régions dévastées, selon les méthodes qui conviendront aux Alliés et en outre fera des livraisons en nature.

6° L'Allemagne prendra à sa charge, autant que cela lui sera possible, les dettes des Alliés vis-à-vis de l'Amérique.

7° En témoignage de bonne volonté, l'Allemagne livrera immédiatement 1 milliard de marks-or en argent comptant.

Cette proposition est de 50 p. 100 préférable à la première offre du docteur Simons, parce qu'elle ne parle plus de déduire du total de 50 milliards de marks-or les 20 milliards imaginaires qui auraient dû représenter les livraisons effectuées avant le 1er mai 1921. En supposant un emprunt international de 5 milliards de marks-or, portant intérêt, y compris le fonds d'amortissement, à 8 p. 100 (1), le plan allemand représente un versement immédiat de 2.200 millions de marks-or par an, pouvant s'accroître au fur et à mesure du relèvement de l'Allemagne.

Le Gouvernement des États-Unis, après s'être d'abord assuré que les Alliés n'accepteraient pas la proposition, s'abstint de la transmettre (2).

(1) La possibilité d'un pareil emprunt est naturellement douteuse.

(2) On dit que le Gouvernement allemand proposa aussi

Pour cette raison, ce projet, que fit bientôt oublier la seconde Conférence de Londres, n'obtint jamais l'attention qu'il mérite. Il était cependant rédigé d'une manière précise et représentait au moins le maximum de ce que l'Allemagne pouvait faire.

Mais, comme je l'ai dit, il causa peu d'impression. La presse l'ignora. En effet, dans les deux mois qui séparent la première et la seconde Conférence de Londres, deux événements importants vinrent modifier matériellement la situation (1).

Le premier, c'est le résultat du plébiscite qui eut lieu en mars 1912 en Haute-Silésie. Les précédentes propositions allemandes présumaient que cette province continuerait à faire partie du Reich. Cette condition était une de celles qui empêchaient les Alliés de les accepter. Mais, à ce moment, il apparut que l'Allemagne aurait droit à la plus grande partie de la région et peut-être de la zone industrielle. Mais ce résultat portait aussi à l'extrême la divergence aiguë qui séparait, sur cette question, la politique de la France de celle des autres alliés.

Le second événement, c'est la décision de la commission des réparations, en date du 17 avril 1921, relative à la dette globale de l'Allemagne. Les ministres des finances alliés avaient escompté 300 milliards de marks-or. A l'époque des déci-

d'accepter de payer n'importe quelle somme que pourrait fixer le Président des Etats-Unis.

(1) Après l'établissement des sanctions et l'échec des contre-propositions, le Ministère Fehrenbach-Simons fut remplacé par celui du docteur Wirth.

sions de Paris, des personnalités responsables s'attendaient à un chiffre de 160 à 200 milliards (1) et l'auteur des *Conséquences économiques de la paix* avait été violemment calomnié, pour avoir fixé cette somme à 137 milliards. Le public et les gouvernements furent donc très surpris quand la commission des réparations annonça qu'elle avait unanimement fixé la somme à 132 milliards (2). Il devenait évident que, quoiqu'on en eût, les décisions de Paris n'étaient pas un progrès sur le Traité, et que l'Allemagne était envahie pour avoir refusé de souscrire à des conditions à certains égards plus rigoureuses que le Traité lui-même. J'examinerai la décision de la commission des réparations en détail au chapitre IV. Elle fournit au problème de nouvelles données et rendit possible la seconde Conférence de Londres.

La décision de la commission des réparations et l'arrivée de l'échéance du 1er mai 1921, indiquée par le Traité comme date de la promulgation d'un plan définitif des réparations, étaient des raisons suffisantes pour rouvrir tout le débat. L'Allemagne avait refusé les décisions de Paris ; les sanctions n'avaient pas ébranlé sa détermination ; le Traité rentrait en vigueur ; et d'après le Traité, c'était à la commission des réparations de fournir un projet.

(1) Le 26 janvier 1921, M. Doumer parlait encore de 240 milliards.

(2) Non compris le remboursement des emprunts de guerre faits par la Belgique.

Dans ces conditions, les Alliés se réunirent une fois de plus à Londres, à la fin d'avril 1921. Le plan sur lequel ils s'entendirent était en réalité l'œuvre du conseil suprême, mais les formes du traité furent respectées et la commission des réparations fut invitée à faire siennes et à promulguer les décisions des chefs de Gouvernements.

La Conférence se réunit dans des circonstances difficiles. M. Briand avait cru nécessaire de calmer la Chambre en annonçant qu'il comptait occuper la Ruhr le 1er mai. La politique de violence et d'illégalité, commencée lors de la Conférence de Paris, avait contenu jusqu'alors une part suffisante de mensonges pour l'empêcher d'être aussi dangereuse pour la paix et la prospérité de l'Europe qu'elle ne s'en donnait l'air. Mais, on en était arrivé à un point où il fallait que quelque chose se produisît, de bon ou de mauvais, et l'on ne manquait pas de raisons d'être anxieux. M. Lloyd George et M. Briand avaient marché bras-dessus, bras-dessous jusqu'au bord d'un précipice. M. Lloyd George avait regardé le gouffre et M. Briand avait loué la beauté de la vue et les sensations réjouissantes d'une descente. M. Lloyd George ayant pleinement satisfait son goût habituel de regarder dans le précipice, il était certain qu'il reculerait, en expliquant jusqu'à quel point il sympathisait avec les idées de M. Briand. Mais M. Briand le suivrait-il?

C'est dans cette atmosphère que se réunit la Conférence et, tout bien considéré, en particulier, les engagements antérieurs des participants, son résultat fut somme toute une victoire du bon sens, parce que les Alliés décidèrent alors de revenir à la légalité, dans les limites du traité. Les nouvelles propositions émises par les Alliés étaient, qu'elles fussent ou non exécutables, le développement légal du traité, et par là même très différentes des décisions prises à Paris, au mois de janvier précédent. Si mauvais que soit le Traité, il y a une politique qui est pire que lui — celle qui consiste à accomplir des actes arbitraires, fondés sur la seule force. Le plan établi à Londres permit d'y échapper.

Sous un certain angle, le second ultimatum de Londres était illégal : il envisageait l'occupation de la vallée de la Ruhr en cas de refus de la part de l'Allemagne. Mais cette clause ne servait qu'à sauver M. Briand, en lui permettant, de retour dans son pays, de vanter les charmes du précipice loin duquel il s'enfuyait en courant. L'ultimatum ne faisait à l'Allemagne aucune demande à laquelle ne l'obligeât déjà sa signature.

C'est pour cette raison, qu'à mon avis, le gouvernement allemand a eu raison d'accepter l'ultimatum, sans modification, bien qu'il contînt des demandes inexécutables. A tort ou à raison l'Allemagne avait signé à Versailles. Le nouveau plan n'ajoutait rien aux charges du Traité, et, bien qu'il laissât à l'avenir le soin d'établir un règlement définitif, il les diminuait à certains égards. Sa ratification en mai 1921 était conforme au Traité

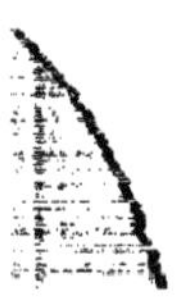

et ne faisait que mettre à exécution ce à quoi l'Allemagne pouvait s'attendre depuis deux ans. L'ultimatum ne l'obligeait à exécuter immédiatement, — c'est-à-dire, dans un délai de six mois, — rien d'impossible. Il laissait tomber l'irréalisable obligation à laquelle le Traité la soumettait de payer le 1er mai un reliquat de douze milliards de marks-or. Par dessus tout, il évitait l'occupation de la Ruhr et sauvait la paix de l'Europe.

En Allemagne, certains pensaient qu'il ne fallait point que le Reich s'engageât, sous les menaces, à accomplir ce qu'il savait être impossible. Mais en souscrivant à une notification légale, résultat d'un traité qu'elle avait signé, l'Allemagne ne prenait pas d'engagement de cet ordre et ne rétractait pas les déclarations qu'elle avait récemment faites par l'intermédiaire du Président des Etats-Unis quant à ce qu'elle croyait sincèrement être la limite de ses moyens.

C'est l'existence des sentiments auxquel il vient d'être fait allusion, qui crée les principales difficultés en Allemagne. On n'a pas compris en Angleterre ni aux Etats-Unis la blessure d'amour-propre que l'on a faite au Reich en le forçant non-seulement à accomplir certains actes, mais à souscrire à des croyances qu'en réalité il n'admet pas. Dans les pays civilisés, on n'a pas l'habitude de contraindre par la force les malfaiteurs à avouer, même quand on est convaincu de leur culpabilité. N'est-il pas plus barbare d'user de la force, à la manière des inquisiteurs, pour obliger des hommes à adhérer à un article de foi auquel nous, nous croyons? Vis-à-vis de l'Allemagne les Alliés semblent avoir adopté ces pratiques basses et injustes. Ils ont contraint à la pointe des baïonnettes ce peuple à s'humilier, et à réciter par la bouche de ses représentants ce qu'il pensait n'être pas vrai.

Mais, dans le second ultimatum de Londres, les Alliés n'ont pas fait usage de ces méthodes fanatiques. C'est pourquoi, à l'époque, j'ai souhaité que l'Allemagne acceptât les propositions de l'Entente et fît de son mieux pour s'y soumettre. Quoi qu'en disent les journaux, le monde n'est ni fou, ni injuste ; le temps éclaire les événements et panse les plaies. Il fallait attendre encore un peu pour que l'Europe et les Etats-Unis parvinssent à accomplir la liquidation économique de la guerre avec sagesse et pitié.

ANNEXE I

LE CHARBON

La question du charbon présente un gros intérêt au point de vue des réparations parce que, malgré les exagérations du Traité, elle représente une des formes sous lesquelles l'Allemagne peut effectuer des paiements considérables. Elle importe également par la réaction que provoquent les livraisons de houille sur l'économie intérieure de l'Allemagne. Jusqu'au milieu de 1921, les versements allemands se firent presque exclusivement sous forme de charbon. Le charbon fit l'objet principal de la Conférence de Spa, où pour la première fois les délégués de l'Allemagne et ceux de l'Entente se rencontrèrent face à face.

Aux termes du traité, l'Allemagne devait livrer 3.400.000 tonnes de houille par mois. Pour des raisons que j'ai expliquées en détail dans les *Conséquences économiques de la paix*, ce total est une entité mythologique sans possibilité de concrétisation. Par suite, pour le premier trimestre de 1920, la commission des réparations réduisit ses réclamations à 1.060.000 tonnes par mois, et au cours du second trimestre à 1.550.000 tonnes. En fait, pendant ce trimestre l'Allemagne ne livra que 770.000 tonnes par mois. Ce dernier chiffre était beaucoup trop faible et, à ce moment, le charbon manquait dans le monde et était extrêmement cher. Le principal objet de l'accord houiller de Spa était donc d'assurer à la France des livraisons accrues de charbon.

La Conférence réussit à obtenir du charbon à des conditions assez favorables pour l'Allemagne. Après beaucoup de marchandages, les livraisons furent fixées à 2.000.000 de tonnes par mois pendant six mois à dater d'aout 1920. Mais les délégués allemands parvinrent à persuader aux Alliés qu'ils ne pouvaient atteindre ce total que si les mineurs étaient mieux nourris et que cela nécessitait du crédit. Les Alliés acceptèrent de *payer* à l'Allemagne un prix considérable pour ce charbon, les sommes ainsi reçues devant être consacrées à l'achat à l'étranger d'aliments supplémentaires pour les mineurs.

Dans la forme, la plus grande partie de ces paiements constituait un prêt ; mais comme on la considéra comme représentant la valeur des livraisons en nature, elle servit en réalité à rembourser à l'Allemagne une partie de la valeur de ses livraisons. D'après cet accord, l'Allemagne reçut (1) 400.000.000 de marks-or, soit 40 shillings par tonne moyenne, pour l'ensemble de ces prestations. Comme à ce moment le prix intérieur était, en Allemagne, de 25 à 30 shillings la tonne, le gouvernement allemand reçut en devises étrangères beaucoup plus qu'il n'avait à payer au producteur national. Le chiffre de 2 millions de tonnes par mois impliquait la réduction à un faible chiffre des fournitures à l'industrie et aux chemins de fer allemands. Mais l'argent était extrêmement demandé. Il fut de la plus grande utilité pour la réalisation du programme alimentaire allemand, au cours de l'automne et de l'hiver de 1920.

Il importe maintenant de suivre l'histoire des livraisons de charbon. Au cours des six mois qui suivirent, l'Allemagne exécuta presque complètement l'accord de Spa, livrant 2.055.222 tonnes en août, 2.008.470 tonnes en septembre, 2.288.049 tonnes en octobre, 1.912.696 tonnes en novembre, 1.761.228 tonnes en décembre et 1.678.675 tonnes en janvier 1921. A la fin de janvier 1921, l'accord de Spa vint à expiration et depuis lors, l'Allemagne dut effectuer ses livraisons sans recevoir en échange ni avances,

(1) D'après l'accord de Spa (voir appendice n° 1), l'Allemagne devait recevoir 5 marks-or par tonne pour tout charbon livré, et dans le cas de livraisons par mer, la différence entre le prix intérieur allemand et le prix anglais d'exportation. A l'époque de la Conférence de Spa, la différence était de 70 shillings environ. Les avances furent faites dans la proportion de 61 p. 100 par la France, 24 p. 100 par l'Angleterre et 15 p. 100 pour la Belgique et l'Italie.

ni paiements en monnaie. Pour compenser le déficit, la commission des réparations réclama 2.200.000 tonnes par mois en février et en mars ; elle maintint ce chiffre au cours des mois suivants. Mais, comme beaucoup d'autres, cette demande n'existait que sur le papier. L'Allemagne ne pouvait pas la satisfaire. Ses prestations se sont élevées à 1.885.051 tonnes en février 1921, 1.419.654 tonnes en mars, 1.510.332 tonnes en avril, 1.549.768 tonnes en mai, 1.453.761 tonnes en juin, et 1.399.132 tonnes en juillet. La commission des réparations, qui, en réalité, ne voulait plus de charbon, accepta tacitement.

Durant la première moitié de 1921, la situation, telle qu'elle était six mois plus tôt, se renversa en effet d'une façon remarquable.

Malgré la grève des mineurs anglais, la France et la Belgique, après avoir reconstitué leurs stocks, souffrant d'une crise des industries métallurgiques, risquèrent d'avoir trop de charbon. Si l'Allemagne avait exécuté les ordres de la commission des réparations, les bénéficiaires n'auraient pas su quoi faire de ce qu'ils auraient reçu. Même, en l'état réel des choses, une partie du charbon livré fut vendu à des exportateurs et les mineurs de France et de Belgique redoutèrent le chômage.

Les statistiques de la production totale houillère de l'Allemagne, non compris l'Alsace-Lorraine, la Sarre et le Palatinat, se présentent comme suit, en millions de tonnes :

	Allemagne non compris la Haute-Silésie	Allemagne y compris la Haute-Silésie	Pourcentage par rapport à la production de 1913
1913.	130,19	173,62	100
1917.	111,66	154,41	88,9
1918.	109,54	148,19	84,5
1919.	92,76	117,69	67,8
1920.	99,66	131,35	75,7
9 prem. mois de 1921.	72,06	100,60	77,2

La production de lignite, — je n'essayerai pas de convertir en valeur de houille la valeur de la lignite, — passa de 87,1 millions de tonnes en 1913 à 93,8 millions en 1919, 111,6 millions en 1920 et 70,8 millions pendant les neuf premiers mois de 1921.

L'accord de Spa apporta un correctif temporaire aux conditions anormales qui régissaient le prix auquel les livraisons de charbon sont créditées à l'Allemagne. Mais il faut étudier la question, telle qu'elle se présenta à l'expiration de cet accord.

Aux termes du traité, l'Allemagne est créditée, dans le cas où le charbon est livré par voie de terre, du prix allemand sur le carreau de la mine, plus le fret jusqu'à la frontière ; dans le cas où charbon est livré par voie de mer, elle est créditée du prix d'exportation allemand f. o. b. pourvu que, dans l'un et l'autre cas, le prix ainsi fixé ne soit pas supérieur au prix d'exportation anglais. Or, pour diverses raisons de politique intérieure, le gouvernement allemand a cru devoir maintenir le prix allemand sur le carreau de la mine, bien au-dessous du prix mondial. Il en résulte qu'il est crédité d'un prix inférieur à la valeur réelle de ses prestations. Au cours des mois qui ont précédé juin 1921, le prix maximum légal était en moyenne de 270 marks la tonne, y compris un impôt de 20 p. 100 sur le prix (1), ce qui représentait au cours du change 20 shillings environ, soit le tiers ou la moitié du prix anglais à la même époque. La chute du mark, à l'automme de 1921, accrut encore cette différence de tarifs. En effet, le prix du charbon allemand évalué en marks-papier augmenta, mais les fluctuations des changes dépassaient de si loin tous les autres facteurs, qu'en novembre 1921, le prix du charbon anglais était environ trois fois et demie plus élevé que celui de la meilleure houille bitumineuse de la Ruhr. Ainsi, non seulement les maîtres de forges allemands étaient bien placés pour concurrencer les producteurs anglais, mais les industriels français et belges profitaient, grâce aux livraisons faites à leur gouvernement, du bas prix du charbon.

Sur cette question, le gouvernement allemand est placé en face d'un dilemme.

L'augmentation de la taxe sur le charbon pourrait être une importante source de revenus pour l'État. Au point de vue de la trésorerie, elle serait doublement bénie, car elle accroîtrait cor-

(1) Cet impôt très variable, établi à partir de 1917, donna 4,5 milliards de marks-or en 1920-21.

relativement les sommes créditées par la commission des réparations. Mais, d'autre part, une pareille perspective unit contre le ministère deux groupes influents : les industriels qui veulent du charbon bon marché pour l'industrie, et les socialistes qui veulent du charbon bon marché pour le foyer domestique. Au point de vue financier, la taxe devrait être portée de 20 à 60 p. 100, mais au point de vue politique, une augmentation de 20 à 30 p. 100 est la plus élevée que l'on envisage, en admettant même un prix différentiel au profit du consommateur allemand (1).

Je profite de ce que je traite ce sujet, pour apporter quelques précisions à certains passages des *Conséquences économiques de la paix*.

A) Le destin de la Haute-Silésie est traité dans les conclusions du chapitre IV de ce précédent livre (pages 75-85) (2). J'ai écrit dans cet ouvrage : « Les autorités allemandes déclarent, non sans être contredites, que, d'après les votes émis lors des élections, un tiers de la population se prononcerait pour la Pologne, et deux tiers pour l'Allemagne ». Les événements ont exactement corroboré ces paroles. Je demandais aussi, sauf décision contraire du plébiscite, que le district industriel fût attribué à l'Allemagne, mais je n'avais pas confiance, en raison de la politique

(1) Le premier ministère Wirth prépara une loi élevant la taxe à 30 p. 100 et permettant de la ramener temporairement à 25 p. 100. On estimait que la taxe de 30 p. 100 rapporterait 92 milliards de marks à l'Etat.

(2) Les références se rapportent à l'édition française.

française, dans le résultat de mes objurgations, et je tenais compte dans mes calculs de la possibilité pour l'Allemagne d'être privée de cette zone.

Les décisions prises par les Alliés, conformément à l'avis du Conseil de la Société des Nations (voir pages 9-12), divisent le triangle industriel en deux parties. D'après les évaluations du Ministre du Commerce de Prusse, 86 p. 100 de l'ensemble des dépôts-houillers de Haute-Silésie sont attribués à la Pologne, et 14 p. 100 seulement à l'Allemagne. L'Allemagne conserve une proportion plus considérable des mines fonctionnant actuellement : la Pologne bénéficie de 64 p. 100 de la production normale et l'Allemagne de 36 p. 100 (1).

Le chiffre de 100.000.000 de tonnes donné dans les *Conséquences économiques de la paix*, comme représentant la production nette (c'est-à-dire non compris la consommation faite à la mine) de l'Allemagne privée de la Haute-Silésie, doit donc être remplacé par celui de 115.000.000 de tonnes, en raison du maintien à l'Allemagne d'une fraction de la province.

B) Je me permets de corriger dans le volume précité une note en bas de la page 76. J'avais écrit : « La consommation d'avant-guerre de la Po-

(1) La même autorité estime que 85,6 p. 100 de la production de zinc de Haute-Silésie sont attribués à la Pologne. Cela présente une certaine importance, car avant la guerre la Haute-Silésie donnait 17 p. 100 de la production mondiale de zinc. 63 p. 100 de la production de fer et d'acier sont remis à la Pologne. Je ne puis contrôler ces chiffres que certaines compétences trouvent trop faibles.

logne », au lieu de : « La consommation d'avant-guerre de la Pologne d'avant-guerre ». Il n'y avait pas d'erreur matérielle, car je tenais compte, dans le contexte, de la diminution des besoins de l'Allemagne par suite des amputations de son territoire. Mais j'avoue que cette note pouvait induire en erreur.

Je crois d'ailleurs pouvoir attribuer à l'exactitude de mon livre dans son ensemble, le fait que des critiques se sont acharnés sur l'omission des mots « d'avant-guerre » après le mot « Pologne ». Toute une littérature s'est développée à ce propos.

La diète polonaise a consacré la journée du 20 janvier 1921 à la discussion et à l'analyse patriotique de cette note. Elle a conclu en ordonnant l'affichage et la publication dans le monde entier, aux frais de l'État, du discours du député A. Wiezbicki. Je m'excuse de la baisse du mark polonais dont j'ai été si involontairement responsable. M. Wiezbicki commençait ainsi : « Un livre a été publié par Keynes... l'auteur d'un ouvrage bien connu sur l'Inde, ce joyau de la couronne britannique, cette terre qui est un sujet d'étude adoré pour les Anglais. C'est par de tels travaux — mérité-je une pareille gloire — qu'un homme acquiert une grande renommée... » Il conclut en ces termes : « Mais l'Angleterre aussi doit croire aux réalités, et si Keynes, dont le livre est imprégné d'un esprit humanitaire et d'une vive compréhension de la nécessité qu'il y a de négliger les intérêts égoïstes, — si Keynes est convaincu, par les faits, de s'être trompé, d'avoir jeté la confusion dans l'esprit des politiciens et des hommes d'État, à propos de la Haute-Silésie, alors, qu'il ouvre les yeux et devienne l'ami de la Pologne, de la Pologne, actif facteur du développement des richesses naturelles de la Haute-Silésie. »

Je dois à des critiques si généreuses et si éloquentes de rectifier les chiffres, qui se présentent comme suit : les provinces polonaises, unies par le traité en un nouvel état polonais, consommaient en 1913 19.445.000 tonnes de houille dont 8.989.000 tonnes étaient produites à l'intérieur de leur territoire et 7.370.000 tonnes étaient importées de Haute-Silésie (la production totale de la Haute-Silésie étant alors de 43.800.000 tonnes).

Le plébiscite haut-silésien a été accompagné d'une riche floraison littéraire de part et d'autre. Pour les questions économiques, voir, du côté polonais : WIEZBICKI, *La Vérité sur la Haute-Silésie*, OLSZEWSKI, *La Haute-Silésie, son influence sur la solvabilité et la vie économique de l'Allemagne*, et *La valeur économique de la Haute-Silésie pour l'Allemagne et la Pologne ;* du côté allemand : SIDNEY OSBORNE, *La question de Haute-Silésie et le problème houiller en Allemagne, Le Problème de Haute-Silésie;* des brochures du professeur SCHULZ-GAVERNITZ, et des documents édités par la CHAMBRE DE COMMERCE DE BRESLAU.

B) Mes observations sur la possibilité pour l'Allemagne d'effectuer des livraisons de charbon ont été critiquées (voir ma controverse avec M. Brenier dans le *Times*). On a prétendu dans certains milieux que je ne tenais pas suffisamment compte de la compensation que peut trouver le Reich dans une exploitation plus active des dépôts de lignite et de charbon de bois. Cette allégation n'est pas très loyale, car je suis le premier à avoir, dans une discussion publique, attiré l'attention sur la lignite, soucieux que j'étais de ne me point donner pour expert en la matière (1). Je trouve qu'il est encore difficile, quand les experts discutent la question, de savoir quelle importance attacher à ce facteur. Depuis l'armistice, la production a sensiblement augmenté. En 1921, elle était supérieure de 36 p. 100 à celle de 1913 (2). En raison du manque de charbon, cette production a dû servir à faire face à la situation. Les dépôts sont voisins de la surface et l'exploitation ne demande ni beaucoup de

(1) Je disais dans les *Conséquences économiques de la paix* (page 80, note) : « Le lecteur doit se souvenir, en particulier, que les calculs ci-dessus ne tiennent pas compte de la production de lignite... Nous ne pouvons pas dire jusqu'à quel point les pertes de charbon peuvent être remplacées par un usage plus étendu de la lignite, mais certains pensent que l'Allemagne peut compenser ses pertes houillères en s'occupant davantage de ses dépôts de lignite.

(2) Au milieu de 1921, la production était de 120.000.000 de tonnes par an environ.

A cette époque le prix légal maximum était de 60 marks la tonne (soit moins de 5 shillings), si bien que le *bénéfice* national réalisé sur la production, évalué en monnaie, n'a pas été bien considérable.

machines, ni beaucoup d'argent. Mais les briquettes de lignite ne peuvent remplacer le charbon que dans certains cas, et la question est de savoir si un développement ultérieur de cette industrie est économiquement possible (1).

La transformation de la lignite brute en briquettes est vraisemblablement coûteuse, et l'installation de nouvelles entreprises en vue d'obtenir une production accrue ne paraît pas utile. Certains prétendent que le véritable avenir de la lignite et que sa valeur en tant que facteur de la richesse allemande consistent dans l'amélioration des méthodes de *distillation*, qui permettraient de libérer, pour des usages commerciaux, les huiles, ammoniacs et benzines qu'elle contient.

Il importe de ne point négliger les possibilités d'emploi de la lignite. Mais on tend trop souvent à exagérer, — comme jadis pour la potasse, — son importance et son rôle dans la puissance productrice de l'Allemagne.

(1) Pour obtenir une augmentation de production, le nombre des mineurs passa de 59.000 en 1913 à 131.000 au début de 1921. Il en résulta que le prix de la lignite s'éleva plus rapidement que celui du charbon. La lignite contenant moins de calories que la houille, à poids égal, elle ne peut donc lui faire concurrence, à moins d'être favorisée par un fret plus favorable que dans le voisinage de la mine.

ANNEXE II

LA LEGALITE DE L'OCCUPATION DE LA RIVE DROITE DU RHIN

Les années 1920 et 1921 ont été remplies d'incursions ou de menaces d'incursions de l'armée française à l'est du Rhin. En mars 1920, la France, sans demander l'approbation des Alliés, occupa Francfort et Darmstadt. En juin 1920, les Alliés menacèrent d'envahir toute l'Allemagne, pour renforcer l'accord de Spa. En mars 1921, une pareille manœuvre ne parvint pas à obliger l'Allemagne à accepter les décisions de Paris et par suite, les villes de Ruhrort, Duisbourg et Dusseldorf furent occupées. En dépit des objections de ses alliés, la France conserva ses troupes dans ces localités même lorsque l'acceptation du second ultimatum de Londres fit disparaître la raison de cette mesure, sous le prétexte que tant que la question de Haute-Silésie n'était pas réglée, le maréchal Foch croyait utile de maintenir cette sanction (1).

En avril 1921, le gouvernement français manifesta l'intention d'occuper la Ruhr, mais la pression des autres alliés l'empêcha de prendre cette mesure. En mai 1921, une nouvelle menace d'invasion de la Vallée de la Ruhr vint renforcer le second ultimatum de Londres. Ainsi, en un peu plus d'un an, l'Allemagne fut menacée d'invasion cinq fois, et occupée réellement deux fois.

Nous sommes censés être en paix avec l'Allemagne et l'invasion d'une nation en temps de paix est un acte anormal, même si cette nation n'est pas en état de résister. Notre adhésion à la Société des Nations nous interdit d'autre part d'agir de cette manière. Mais la France et parfois aussi la Grande-Bretagne prétendent que le Traité de Versailles nous permet de prendre ces mesures, toutes les fois que l'Allemagne manque matériellement à une clause quelconque du Traité, ce qui revient à dire (puisque certaines parties de cet acte sont inexécutables), à tout instant. En particulier, le gouvernement français a prétendu, en avril 1921, qu'aussi longemps que l'Allemagne possédait un actif susceptible d'être livré, elle manquait au chapitre des réparations

(1) A la Conférence de Paris d'août 1921, Lord Curzon tenta en vain de persuader à la France de faire cesser cette occupation illégale. Les « Sanctions Economiques » furent levées le 1er octobre 1921. Mais l'occupation continua, bien que les deux prétextes ci-dessus en eussent disparu.

et que, si ce défaut était volontaire, n'importe lequel des Alliés avait le droit d'envahir et de ravager son territoire sans commettre le moins du monde un acte de guerre. Un mois plus tôt, les Alliés assemblés avaient affirmé qu'un manquement à n'importe quelle autre partie du traité légitimait aussi l'invasion.

Bien que l'on tienne à présent assez peu de compte de la légalité, il faut néanmoins examiner avec soin la situation juridique créée par le Traité.

L'acte de Versailles prend des dispositions spéciales au sujet des manquements par l'Allemagne au chapitre des *Réparations*. Il ne fait pas allusion à d'autres violations qui se trouvent, par conséquent, dans la même situation que celles qui se produisent à propos de tout autre traité.

J'examinerai donc séparément les manquements aux Clauses des Réparations et les autres.

Les Sections 17 à 18 de l'Annexe II du chapitre des Réparations sont rédigées de la manière suivante :

« (17) En cas de manquement par l'Allemagne à l'exécution, qui lui incombe, de l'une quelconque des obligations visées à la présente partie du présent traité, la commission signalera immédiatement cette inexécution à chacune des puissances intéressées, en y joignant toutes propositions qui lui paraîtront opportunes au sujet des mesures à prendre en raison de cette inexécution. »

« (18) Les mesures que les puissances alliées et associées auront le droit de prendre en cas de manquement volontaire par l'Allemagne et que l'Allemagne s'engage à ne pas considérer comme des actes d'hostilité, peuvent comprendre des actes de prohibition et de représailles économiques et financières et, en général, telles autres mesures que les gouvernements respectifs pourront estimer nécessitées par les circonstances. »

L'article 430 du traité prévoit également que toute partie des zones occupées pourra, après avoir été évacuée, être réoccupée si l'Allemagne refuse d'observer les obligations résultant pour elle du chapitre des Réparations.

Le gouvernement français fonde son argumentation sur les mots : « et en général telles autres mesures », du paragraphe 18. Il prétend que cela lui laisse les mains complètement libres.

La phrase prise dans son ensemble indique, cependant, que les « autres mesures » envisagées sont d'ordre économique et financier. Cette opinion est confirmée par ce fait que tout le reste du traité circonscrit étroitement le droit d'occuper le territoire allemand qui, ainsi que le montre le livre de M. Tardieu, fit l'objet d'une vive discussion entre la France et ses alliés lors de la Conférence de la Paix. *Nulle* disposition ne prévoit l'occupation de la rive *droite* du Rhin. La seule clause relative à l'occupation en cas de manquement de la part de l'Allemagne est contenue dans l'article 430. Cet article, qui traite de la *réoccupation* de la rive *gauche*, aurait été sans utilité aucune, si la thèse française avait été exacte. En fait, l'opinion qui soutient qu'à tout instant des trente prochaines années n'importe quel allié peut envahir n'importe quelle partie de l'Allemagne, sous le seul prétexte que le traité n'a pas été exécuté à la lettre, est insoutenable.

En tout cas, les paragraphes 17 et 18 de l'annexe II du chapitre des Réparations ne peuvent jouer qu'après une procédure spéciale établie par la commission des réparations. La commission des réparations doit signaler tout manquement de l'Allemagne à chacune des puissances intéressées, y compris probablement les États-Unis, et joindre des propositions au sujet des mesures à prendre. Si ce manquement est volontaire — rien n'indique quelle autorité tranchera de ce caractère, — les clauses en question seront mises à exécution. Rien n'autorise l'action individuelle d'un seul allié. En fait, jusqu'à ce jour, la commission des réparations n'a jamais mis en œuvre cette procédure.

Si, d'autre part, l'Allemagne est accusée de manquer à quelque autre chapitre du traité, alors les Alliés n'ont point d'autre recours que la Société des Nations. Ils doivent appliquer l'article 17 du covenant qui prévoit le cas d'un différend entre deux États dont l'un seulement est membre de la Société. Cela revient à dire que sauf la procédure de la commission des réparations, exposée ci-dessus, les violations ou prétendues viola-

tions du Traité de Versailles sont traitées comme les violations de tout autre traité entre deux puissances en état de paix.

Selon l'article 17, en cas de différend entre deux États dont un seulement est membre de la Société, l'État étranger à la Société « est invité à se soumettre aux obligations qui s'imposent à ses membres aux fins de règlement du différend aux conditions estimées justes par le Conseil. Si cette invitation est acceptée, les dispositions des articles 12 à 16 s'appliquent, sans réserve des modifications jugées nécessaires par le Conseil. Dès l'envoi de cette invitation, le Conseil ouvre une enquête sur les circonstances du différend et propose telle mesure qui lui paraît la meilleure et la plus efficace dans le cas particulier. »

Les articles 12 à 16 prévoient la procédure d'arbitrage pour tous « les différends relatifs à l'interprétation d'un traité, à tout point de droit international, à la réalité de tout fait qui, s'il était établi, constituerait la rupture d'un engagement international, ou à l'étendue ou à la nature de la réparation due pour une telle rupture. »

Les Alliés, en tant que signataires du traité et du covenant, doivent s'abstenir absolument, en cas de violation ou de prétendue violation du traité par l'Allemagne, de recourir à une autre procédure que celle de la commission des réparations, ou de l'article 17 du covenant. Toute autre action de leur part est illégale. En tout cas, l'article 17 oblige le Conseil de la Société des Nations à inviter l'Allemagne, en cas de différend entre l'Allemagne et les Alliés, à se soumettre aux obligations qui s'imposent aux membres de la Société aux fins de règlement du différend, et à ouvrir une enquête immédiatement sur les circonstances du différend.

A notre avis la protestation adressée par le gouvernement du Reich au Conseil de la Société des Nations était solidement établie. Mais, — l'obligation imposée à l'Allemagne de rembourser les pensions et les allocations en est un exemple — nous ne nous indignons jamais des illégalités internationales que lorsque ce sont les autres qui sont en faute.

CHAPITRE III

CE QUE REPRÉSENTE L'ACCORD DE LONDRES

Le règlement des réparations communiqué à l'Allemagne par les Alliés le 5 mai 1921, et accepté quelques jours plus tard, représente le plan définitif selon lequel l'Allemagne, pendant deux générations, doit se libérer de ses dettes (1). C'est là l'événement de l'année. Il mérite donc d'être examiné (2).

L'état des paiements se compose de trois parties : 1° dispositions relatives à la remise de Bons; 2° dispositions relatives à l'établisse-

(1) Le préambule déclare que ce règlement est conforme à l'article 233 du Traité de Versailles. Cet article dispose que l'état des paiements doit assurer l'acquittement par l'Allemagne de sa dette dans une période de *trente* ans, tout solde impayé pouvant être « reporté » ou « faire l'objet d'un traitement différent ». L'état actuel de paiement a négligé cette limitation à trente ans.

(2) Voir l'appendice n° 7.

ment à Berlin d'un comité interallié des garanties, 3° dispositions relatives aux paiements effectifs en espèces et en nature.

1° *Remise de Bons.* — Ces dispositions sont la plus récente variante des clauses similaires du traité. Les ministres des finances alliés se sont leurrés de l'espoir que l'on pourrait réaliser une partie de la dette allemande en vendant à des capitalistes privés des bons garantis par les futures réparations.

Pour atteindre à ce résultat, il fallait que l'Allemagne émît des bons négociables. Les bons ne représentent pas une charge *supplémentaire* infligée à l'Allemagne. Ce ne sont que des titres représentatifs des sommes que, d'après d'autres clauses, l'Allemagne doit, annuellement, verser à la commission des réparations.

Les Alliés ont un avantage évident à négocier ces bons. S'ils pouvaient s'en débarrasser, ils passeraient à d'autres les risques d'un défaut de paiement de l'Allemagne, ils intéresseraient un grand nombre de nations à l'exécution du traité; ils obtiendraient les paiements en argent comptant dont leurs budgets ont besoin. Mais ce sont là des illusions. Quand, enfin, on aura définitivement réglé la question des réparations, l'Allemagne pourra peut-être émettre un emprunt international, d'un montant modéré, égal tout au plus à l'estimation générale de sa capacité de paiement. Mais, bien qu'il y ait de par le monde des capitalistes maladroits, il serait fou de croire qu'il y en ait assez pour souscrire à l'heure actuelle à un emprunt d'une grande étendue. Il en coûte aujourd'hui 10 p. 100 environ à la France pour émettre un petit emprunt sur le marché de New-York. Or, les bons allemands portent intérêt à 5 p. 100, plus 1 p. 100 pour le fonds d'amortissement. Il faudrait donc ramener leur valeur de 100 à 57, pour qu'ils donnent 10 p. 100, amortissement compris. Ce serait être très optimiste que de penser pouvoir les négocier au-dessus de la moitié de leur valeur nominale. Mais, même à ce prix, il est peu probable que le monde soit décidé à leur consacrer une part considérable de ses économies, et même les bons A ne pourraient sans doute pas être négociés à ce taux. En outre, le service des bons négociés dépendant de l'évaluation *minima* de la capacité de paiement de l'Allemagne, l'allié émetteur de bons supporterait les mêmes conditions financières que s'il empruntait lui-même directement. Sauf pour l'État allié dont le crédit serait inférieur à celui de l'Allemagne, l'avantage d'une négociation de bons sur un emprunt direct ne serait pas très sensible (1).

Il est donc inutile d'étudier en détail le mécanisme des bons qui ne jouera vraisemblablement jamais. Les bons sont un vestige des prétentions

(1) Un allié ne peut pas isolément réclamer sa part de bons et la négocier au meilleur prix possible. D'après le Traité de Versailles, — partie VIII, annexe II, § 13 (b), — les questions relatives à la vente de ces bons doivent être tranchées par une décision prise à *l'unanimité* par la commission des réparations.

qui prévalaient lors de la Conférence de la Paix. Voici, en peu de mots, les arrangements qui les concernent.

L'Allemagne doit remettre 12 milliards de marks-or en bons A, 38 milliards en bons B, et le reliquat de sa dette, évalué provisoirement à 82 milliards de marks-or en bons C. Tous ces bons portent intérêt à 5 p. 100, plus 1 p. 100 supplémentaire pour l'amortissement. Le service de chacune des séries A, B et C sera effectué respectivement à l'aide des versements de l'Allemagne. Les bons A seront remis à la commission des réparations à partir du 1er mai 1921 et les bons B à partir du 1er novembre 1921. Les bons C ne porteront intérêt et ne seront émis qu'à mesure que la Commission des réparations estimera que les paiements que l'Allemagne est requise de faire aux termes du nouvel accord sont suffisants pour en assurer le service.

On peut remarquer que le service des bons A représentera 720 millions de marks-or que l'Allemagne peut certainement payer, et le service des bons B 2.280.000.000 par an, ce qui représente en tout 3 milliards de marks-or par an. Cette somme dépasse mes évaluations personnelles des possibilités de l'Allemagne, mais certains experts, dont l'opinion est respectable, ont estimé à un chiffre supérieur la capacité de paiement de l'Allemagne. Signalons encore que la valeur globale des bons A et B, — 50 milliards de marks-or, — correspond au chiffre que le gouvernement alle mand indiquait, dans ses contre-propositions, transmises par l'intermédiaire du Président des États-Unis, comme représentant l'ensemble de sa dette.

Il est probable que, tôt ou tard, l'émission de la série C sera non seulement ajournée, mais supprimée.

2° *Le Comité des Garanties.* — Ce nouvel organisme, qui doit siéger d'une manière permanente à Berlin, est, par sa forme et ses statuts, une sous-commission de la Commission des réparations. Ses membres représentent les alliés membres de la commission des réparations et les États-Unis, si cette dernière nation consent à nommer un délégué (1). Il a des pouvoirs vastes et indéterminés, pour contrôler et surveiller le système financier allemand. Mais ses fonctions dans la pratique restent obscures.

Aux termes de l'acte qui le constitue, le Comité peut entreprendre des tâches difficiles et dangereuses.

C'est à des comptes ouverts au nom du Comité que l'Allemagne devra payer, *en or ou en monnaie étrangère*, le produit des douanes allemandes, 26 p. 100 de la valeur des exportations, et le produit de tous les autres impôts qui pourront servir de garantie au paiement des réparations. Mais ces versements se feront en marks-papier

(1) Le Comité devra choisir par cooptation trois représentants des puissances neutres lorsque assez de bons auront été négociés sur le marché international pour justifier leur présence.

bien plus qu'en or ou en monnaie étrangère. Si le Comité tente de régulariser la conversion de ces marks-papier en devises étrangères, il deviendra responsable de toute la politique des changes du Reich. Sinon, on voit mal ce que les garanties ajouteront aux autres dispositions qui obligent l'Allemagne à faire ses paiements en monnaie étrangère.

J'imagine que le seul but réel et utile du Comité est de donner à la commission des réparations un bureau permanent, un auxiliaire nécessaire à Berlin. Les clauses relatives aux garanties ne sont qu'un des prétextes que, dans tous ces accords, les besoins de la politique mêlent aux dispositions financières. On a l'habitude, surtout en France, de parler beaucoup des « garanties ». On entend sans doute par ce mot le secret de faire croire que l'impossible se réalisera. Une « garantie » n'est pas une « sanction ». Lorsqu'on accuse M. Briand d'avoir été faible lors de la seconde Conférence de Londres et d'avoir abandonné les « véritables garanties » de la France, les dispositions ci-dessus lui permettent de repousser avec indignation une telle accusation. Le Président du Conseil peut indiquer que la Conférence de Londres ne s'est pas contentée de créer un Comité des Garanties, mais qu'elle s'est assuré, comme garantie supplémentaire, le contrôle des douanes allemandes. Et il n'y a rien à répondre à cela (1).

(1) C'est en effet une réponse pour des députés comme M. Forgeot. Si un enfant veut un jouet absurde et dangereux,

3° *Les paiements en espèces et en nature.* — Les dispositions relatives aux bons et aux garanties ne sont qu'une simple introduction. Nous en arrivons au morceau de résistance du règlement, aux dispositions relatives aux paiements.

L'Allemagne doit payer chaque année, jusqu'à sa complète libération :

1° Deux milliards de marks-or.

2° Une somme équivalente à 26 p. 100 de la valeur de ses exportations, ou telle autre somme équivalente fixée d'après un autre indice à proposer par l'Allemagne, et qui serait agréé par la Commission.

L'annuité fixe doit être payée trimestriellement par quarts, le 15 janvier, le 15 avril, le 15 juillet et le 15 octobre de chaque année, et l'annuité mobile, le 15 février, le 15 mai, le 15 août et le 15 novembre de chaque année.

Cette somme, évaluée d'après les prévisions raisonnables sur la valeur des exportations allemandes, est sensiblement inférieure aux demandes primitives du traité. Aux termes du traité, la dette totale de l'Allemagne s'élève à 138 milliards de marks-or, y compris les emprunts de guerre de la Belgique. A 5 p. 100 d'intérêt, plus 1 p. 100 pour l'amortissement, la charge annuelle qu'impliquerait cette somme serait de 8,28 milliards de

on peut avoir intérêt à lui donner un jouet absurde et inoffensif plutôt que des explications qu'il ne comprendrait pas. C'est la la traditionnelle sagesse des hommes d'Etat et des nourrices.

marks-or. D'après le nouveau plan, il faudrait que la valeur annuelle des exportations allemandes s'élevât au chiffre improbable de 24 milliards de de marks-or, pour que l'Allemagne fût redevable d'une telle somme. Comme nous le verrons plus loin, le fardeau imposé par le règlement de Londres ne représente sans doute pas plus de la moitié de celui du traité.

A un autre point de vue encore, les demandes du traité ont été sensiblement réduites. Le traité contenait une disposition écrasante, par laquelle la partie de la dette nominale sur laquelle l'Allemagne ne pouvait pas payer les intérêts au cours des premières années devait porter des intérêts composés. Le nouveau plan ne contient aucune clause de cet ordre. Les bons C ne porteront pas intérêt tant que les versements du Reich ne suffiront pas à en assurer le service. Le seul article relatif aux intérêts en retard traite du paiement des intérêts *simples*, dans le cas d'un excédent de paiement.

Pour comprendre le progrès réalisé par cet accord, il est nécessaire de nous remémorer les idées qui prévalaient il y a peu de temps encore. Dans le tableau suivant, pour réduire à une commune mesure de comparaison les sommes en capital et les versements annuels, nous avons capitalisé les chiffres globaux à 6 p. 100 par an, pour représenter les annuités.

Évaluations faites par :	Annuités en milliards de marks-or.
1° Lord Cunliffe (chiffre donné au cours des élections britanniques générales de 1919) (1)	28,8
2° M. Klotz (Chambre des Députés, 5 septembre 1919)	18
2° La Commission des Réparations (avril 1921)	8,28
4° L'accord de Londres (mai 1921).	4,6 (2)

Les évaluations des *Conséquences économiques de la Paix* étaient contemporaines de celles de M. Klotz (1919)! M. Tardieu rappelle que, lorsque la Conférence de la Paix rechercha le moyen d'introduire un chiffre déterminé dans le Traité, les plus bas chiffres qu'acceptèrent, sous la pression des délégués américains, les experts français et anglais, correspondaient à une annuité de 10,8 milliards, qui représente environ deux fois et demie le total auquel ils souscrivirent, sous la pression non plus des Américains, mais des événements (3).

L'accord de Londres se recommande encore par un autre caractère. Les dates de paiement sont échelonnées de manière à réduire le fardeau de l'Allemagne au cours de la première année.

(1) Cf. Baruch, *The making of the Reparation and Economic Sections of the Treaty* (p. 46), et Lamont, *What really happened in Paris* (p. 275).

(2) En supposant des exportations de 10 milliards, soit du double de la valeur atteinte en 1920.

(3) *The Truth about the Treaty* (p. 305).

L'année des réparations va du 1er mai au 30 avril, mais dans la période mai 1921-avril 1922, deux paiements seulement, au lieu de quatre, viennent à échéance.

Il ne faut donc pas s'étonner, si cet accord, si raisonnable par rapport à ceux qui l'avaient précédé, fut généralement approuvé et considéré comme un règlement permanent. En fait, il était surtout important parce qu'il préservait la paix, donnait aux peuples le temps de respirer, et servait de transition entre des espérances illusoires et les réalités. Mais il ne pouvait pas être une solution définitive. C'était là une mesure temporaire destinée à être remaniée.

Pour calculer la charge totale qu'il représente, il faut évaluer les exportations allemandes. En 1920, leur valeur s'élevait à 5 milliards de marks-or environ. En 1921, la masse des exportations sera plus considérable; mais ce fait sera compensé par la baisse des deux tiers supportée par des prix en or, si bien que l'on peut établir les prévisions pour l'année commençant à mai 1921 aux environs de 4 ou 5 milliards de marks (1). Il est donc impossible de faire une estimation précise. Le chiffre auquel on s'arrêtera dépend non seulement du relèvement économique de l'Allemagne, mais aussi de l'état général du commerce mondial et

(1) Les exportations de mai à octobre 1921 s'élèvent à environ 40 milliards de marks-papier, non compris les livraisons de charbon et les paiements en nature. En convertissant en marks-or ce chiffre, on a un chiffre de 1.865 millions de marks-or qui représente moins de 4 milliards de marks-or par an.

plus particulièrement du niveau des prix en or (1). Mais nous ne pouvons guère faire des prévisions supérieures à 6 ou 10 milliards, pour les deux ou trois prochaines années.

Vingt-six pour cent de la valeur des exportations, évaluée à 6 milliards de marks-or, représentent environ 1,5 milliards, ce qui fait, avec l'annuité fixe de 2 milliards, un paiement annuel de 3,5 milliards de marks-or. Le tableau des paiements ci-dessous représente les prochains versements évalués en milliards de marks-or. Pour les versements qui suivront le 1er mai 1922, nous avons établi nos calculs successivement sur des exportations d'une valeur de 6 et de 10 milliards.

	1921-1922 Exportations 4 milliards.	1922-1923 Exportations 6 milliards.	1922-1923 Exportations 10 milliards.
25 mai		0,39	0,65
15 juillet	1,00	0,50	0,50
15 août		0,39	0,65
15 octobre		0,50	0,50
15 novembre	0,26	0,39	0,65
15 janvier	0,50	0,50	0,50
15 février	0,26	0,39	0,65
15 avril	0,50	0,50	0,50
Total	2,52	3,56	4,60

(1) Dans les *Conséquences économiques de la Paix*, nous indiquions expressément que nos évaluations ne supposaient pas de grandes variations de la valeur de la monnaie. Depuis lors, les prix se sont élevés et sont retombés. Je dois prendre la même précaution en ce qui concerne mes actuelles prévisions. On aurait dû, en établissant, en monnaie, la dette de l'Allemagne, pour de longues années, prendre des dispositions pour adapter la charge réelle aux fluctuations des changes au cours de la période de libération.

La totalité de ces sommes ne sera pas payée en monnaie. Elle devra être diminuée de la valeur des prestations en nature. On a dit que ces livraisons peuvent atteindre de 1,2 à 1,4 milliards de marks-or par an. Cela dépend, et de l'importance et de la valeur des livraisons de charbon, et du succès que pourront avoir les négociations franco-allemandes au sujet des réparations en nature (fourniture de matériaux pour les régions dévastées).

La valeur des livraisons de charbon dépend de facteurs que nous avons déjà examinés, le prix du charbon étant déterminé principalement par le prix intérieur allemand. En considérant un prix de 20 marks-or la tonne et des livraisons de 2.000.000 de tonnes par mois, l'Allemagne serait créditée de 480 millions de marks-or. Aux termes de l'accord Loucheur-Rathenau, la valeur des livraisons en nature, y compris le charbon, qui devront être faites à la France au cours des cinq prochaines années a été évaluée à 1,4 milliards de marks-or par an. Si la France reçoit 400 millions de marks-or en charbon, 35 p. 100 seulement du reliquat seront crédités au compte des réparations. S'il en était ainsi, les livraisons totales en nature et en charbon pourraient atteindre un milliard, mais pour diverses raisons économiques et politiques il semble qu'on doive considérer comme très satisfaisant un chiffre annuel de 750 millions.

Les échéances ont été échelonnées de manière à n'offrir aucune difficulté insurmontable au cours de 1921. Le versement du 31 août 1921 n'était pas supérieur à la somme que les Allemands avaient proposé eux-mêmes de payer immédiatement dans leur contre-proposition d'avril 1921. Il pouvait être payé en partie à l'aide des monnaies étrangères accumulées avant le 1er mai 1921, en partie grâce à la vente de marks-papier sur le marché des changes, en partie grâce à des avances faites par un groupement international de banquiers. Le paiement du 15 novembre était couvert par la valeur des livraisons en charbon et en nature effectuées depuis le 1er mai 1921. Les versements du 15 janvier et du 15 février pourraient même être assurés par de nouvelles livraisons, des avances à court terme, et la vente des valeurs possédées à l'étranger par les industriels allemands, si le gouvernement parvenait à s'en emparer. Mais l'échéance du 15 avril présentera d'autres difficultés, et les dates des paiements ultérieurs se suivront de près, le 15 mai, le 15 juillet et le 15 août. A un moment quelconque, entre février et août 1922, l'Allemagne fera certainement défaut à ses engagements. C'est alors que prendra fin la période de répit (1).

(1) J'ai déjà publié cette prophétie en août 1921. Le 15 décembre 1921 nous terminons ce livre; le Gouvernement allemand a fait savoir à la commission des réparations (15 déc. 1921) que n'ayant pu émettre un emprunt extérieur, elle ne peut, exception faite des livraisons en nature, trouver plus de 150 ou 200 millions de marks-or pour faire face aux paiements de janvier et de février 1922. Le 13 janvier 1922 après la conférence de Cannes, la commission des réparations a accordé à l'Allemagne le moratorium que nous reproduisons à l'appendice X.

Cela est vrai, si l'Allemagne, comme elle y sera forcée à la longue, compte sur ses revenus courants. Mais si elle dispose d'un capital déterminé, nos conclusions ont besoin d'être modifiées. L'Allemagne possède toujours un actif intact, — les biens de ses nationaux, sequestrés aux Etats-Unis. Leur valeur est de plus d'un milliard de marks-or. Si elle pouvait en faire usage directement ou indirectement pour les réparations, son défaut de paiement s'en trouverait retardé (1). De même, si des banquiers consentaient à prêter, même à court terme, à l'Allemagne, avec pour garantie l'or de la Reichsbank, la date serait encore reculée, mais à la longue, tout cela ne servirait à rien.

Au point où nous en sommes, on peut envisager la question à trois points de vue différents. Il y a : 1° le problème des exportations et de la balance commerciale ; 2° le problème du budget ; 3° le problème des revenus nationaux de l'Allemagne.

(1) Les Etats-Unis ont le droit de conserver et de liquider tous les biens, tous les droits, tous les intérêts appartenant à des ressortissants allemands et se trouvant au 10 janvier 1920 sur le territoire de l'Union ou de ses Colonies. Les Etats-Unis sont libres de choisir les moyens d'effectuer cette liquidation, selon leurs lois et leurs règlements. C'est-à-dire que le Congrès peut agir à sa guise dans les limites de la Constitution et prendre les décisions suivantes : 1° l'actif en question peut être remis à des propriétaires allemands ; 2° il peut compenser les créances de citoyens américains contre l'Allemagne ; ou les dettes des Allemands vis-à-vis des Etats-Unis, ou réparer les dommages subis après leur entrée en guerre par les Etats-Unis, du fait de l'Allemagne ou de ses alliés ; 3° il peut être versé à la commission des réparations et être porté au crédit de l'Allemagne.

Nous les examinerons tour à tour, en nous bornant à voir ce que pourra accomplir l'Allemagne dans un délai rapproché, sans nous occuper de ce qu'elle ferait dans des circonstances hypothétiques et lointaines.

1° Pour que l'Allemagne puisse effectuer des paiements à l'extérieur, il importe non seulement qu'elle exporte, mais encore qu'elle exporte plus qu'elle n'importe. En 1920, — la dernière année sur laquelle nous possédions des renseignements précis, — loin de bénéficier d'un excédent, elle a subi un déficit, les exportations s'élevant à 5 milliards de marks-or et les importations à 5,4 milliards de marks-or. Les chiffres provisoires de 1921 n'annoncent aucune amélioration, au contraire.

Le mythe d'une Allemagne augmentant ses exportations est si largement répandu, qu'il importe de donner, calculés en or, les chiffres correspondant aux exportations et aux importations de mai à octobre 1921 (v. tableau ci-contre).

Eu égard à cette période, l'Allemagne doit faire un versement fixe de 1 milliard de marks-or, et payer 26 p. 100 de la valeur de ses exportations, soit 484,8 millions de marks-or, ce qui fait en tout 1.484,8 millions de marks-or. Cette somme globale représente 80 p. 100 de la valeur des exportations, tandis qu'abstraction faite du paiement des réparations, le déficit du commerce extérieur est de plus de 1 milliard de marks-or par an.

1921	MILLIONS DE MARKS-PAPIER		MILLIONS DE MARKS-OR (1)		
	Importations.	Exportations.	Importations.	Exportations.	Excédent des importations.
Mai	5.487	4.512	374,4	370,9	66,5
Juin	6.409	5.433	388,8	329,7	59,1
Juillet	7.580	6.208	413,7	338,7	75,0
Août	9.418	6.684	477,2	334,8	142,4
Septembre	10.668	7.519	436,6	307,7	128,9
Octobre	13.900	9.700	352,6	246,6	106,6
Total pour 6 mois. . .	53.462	40.056	2.443,3	1.864,8	578,5

(1) Le taux de la conversion des marks-papier en marks-or a été employé comme suit : en mai, 1465,5 marks-papier, pour 100 marks-or ; en juin, 1647,9 marks-papier pour 100 marks-or ; en août 1916, 4 marks-papier pour 100 marks-or ; en septembre, 2443,2 marks-papier pour 100 marks-or.

La plus grande partie des importations de l'Allemagne sert soit à l'industrie, soit à l'alimentation de la population. Il est donc certain qu'avec des exportations de 6 milliards, elle ne peut pas réduire ses importations au point d'avoir l'excédent de 3,5 milliards qui lui serait nécessaire pour faire face à ses obligations. Si ses exportations s'élevaient à 20 milliards de marks-or, sa dette annuelle passerait à 4,6 milliards. L'Allemagne, pour exécuter ses obligations, devrait donc doubler la valeur-or de ses exportations *sans augmenter le moins du monde celle de ses importations.*

Je ne prétends point que ce soit impossible, sous la pression du temps, de raisons impérieuses, et avec l'aide des Alliés aux industries d'exportation. Mais pense-t-on qu'un tel résultat puisse être atteint dans les circonstances actuelles? Bien plus, si l'Allemagne accomplissait ce prodige, nos industriels ne considéreraient-ils pas comme le plus grand de ses crimes cette invasion de produits allemands? Que l'accord de Londres lui-même exige des prestations aussi impossibles, cela donne la mesure de l'absurdité des chiffres que l'on donnait lors des élections générales de 1918 et qui étaient six fois supérieurs à ceux qu'il indique.

2° Voici maintenant le problème budgétaire. Les réparations sont une dette du *gouvernement* allemand. Elles doivent donc être couvertes par l'impôt.

Il est nécessaire ici d'établir une relation entre

le mark-papier et le mark-or. Tandis en effet que la dette est fixée en marks-or, les revenus de l'État sont perçus sous la forme de marks-papier. La relation entre ces deux valeurs est variable, mais le meilleur moyen de l'établir est d'évaluer le mark-papier en dollars-or américains. Les fluctuations sont plus importantes pour une période courte que pour un long espace de temps. En effet, à la longue, *toutes* les valeurs en Allemagne, y compris le produit des impôts, tendront à suivre la hausse ou la baisse de la valeur du mark-papier hors d'Allemagne. Mais cela ne peut se produire que lentement, et dans la période qui correspond à un budget annuel des variations inattendues du change du mark-papier peuvent complètement bouleverser les dispositions financières du trésor allemand.

Des troubles de cet ordre se sont produits sur une très grande échelle pendant le dernier semestre de 1921.

Payés en marks-papier, les impôts, très lourds lorsque la livre sterling valait 200 marks-papier, deviennent tout à fait insuffisants lorsqu'elle représente 2.000 marks-papier, mais aucun ministre des finances n'est en état d'adapter rapidement les impositions à une telle situation.

Tout d'abord, la chute de la valeur intérieure du mark suit de très loin la baisse de la valeur extérieure. Jusqu'à ce que se soit faite l'égalisation, qui peut prendre un assez long temps, la faculté imposable de la nation, évaluée en or, est moindre qu'auparavant. Mais, même une fois l'adaptation faite, un certain temps doit s'écouler avant que le *produit*, évalué en or, des impôts, percevable en marks-papier, puisse être élevé. L'exemple britannique montre que les bénéfices des impôts directs dépendent beaucoup de l'assiette imposable au cours des périodes antérieures.

Pour ces raisons, il est probable que la chute du mark, si elle se maintient, désorganisera complètement le budget de 1921-22 et sans doute aussi celui 1922-23. Mais j'exagérerais ma pensée si je fondais mes conclusions sur les chiffres de la fin de 1921. Au milieu des sables mouvants où s'enfonce le mark, il est difficile de trouver une place ferme où l'on puisse s'arrêter.

Pendant l'été de 1921, le mark-or valait, en chiffres ronds, 20 marks-papier. Le pouvoir d'achat du mark-papier à l'intérieur de l'Allemagne était encore double de sa valeur à l'étranger, si bien qu'il était difficile de dire que l'équilibre fût établi. Cependant, la situation était assez bonne par rapport à ce qu'elle devint depuis. Au moment où nous écrivons (décembre 1921), la valeur du mark-or varie entre 45 et 60 marks-papier, tandis que le pouvoir d'achat du mark-papier est trois fois plus considérable à l'intérieur de l'Allemagne, qu'à l'extérieur.

Mes évaluations des recettes et des dépenses du gouvernement allemand sont établies sur des déclarations faites au cours de l'été de 1921 ; et je dois donc compter 20 marks-papier pour un mark-or. Mon argumentation sera donc plutôt au-dessous qu'au-dessus de la réalité. Que le lecteur se souvienne que, si le mark reste au cours actuel assez longtemps pour que les valeurs à l'intérieur de l'Allemagne puissent se conformer au taux du change, les articles du chapitre ci-dessous, dépenses, recettes et déficit, auront besoin d'être multipliés par trois.

A ce taux (20 marks-papier = 1 mark-or), en supposant des exportations annuelles de 10 milliards, une dette annuelle de 4,5 milliards de marks-or représente 90 milliards de marks-papier. Le budget allemand pour l'année financière, 1er avril 1921-31 mars 1922, prévoit, sans compter les réparations, 93,5 milliards de dépenses et 59 milliards de recettes (1). Ainsi, les demandes actuelles de réparations, à elles seules, absorberaient plus de la totalité des recettes existantes. Sans doute, les dépenses peuvent-elles être diminuées et les revenus accrus, mais le budget ne pourra satisfaire aux paiements des réparations que si les dépenses sont diminuées de moitié et les recettes multipliées par deux (2).

(1) Le budget ordinaire est ainsi équilibré à 48 milliards. Les dépenses extraordinaires sont évaluées à 59 milliards, soit un total de 108 milliards, y compris, pour 14,6 milliards, certains chapitres des réparations. Ces articles se rapportent à des versements antérieurs au 1° mai 1921, et ne figurent pas dans l'accord de Londres. Cependant, pour éviter toute confusion, je les ai déduits du budget des dépenses. Les recettes extraordinaires s'élèvent à 10,5 milliards, ce qui fait une recette globale de 58,98 milliards.

(2) Je n'ai point encore tenu compte du coût des armées d'occupation, qu'aux termes du Traité l'Allemagne doit payer

Si l'on parvient à équilibrer le budget allemand de 1922-23, abstraction faite des réparations, ce sera là un grand effort et un résultat considérable. En effet, à côté des difficultés financières et techniques, il y a un aspect politique et social de la question qu'il ne faut pas négliger. Les Alliés traitent avec le gouvernement régulier de l'Allemagne, concluent des accords avec lui et comptent sur lui pour l'exécution du traité. Les Alliés ne s'adressent pas à chaque Allemand individuellement pour obtenir des paiements; ils font pression sur l'entité transitoire qu'on appelle le Gouvernement du Reich et lui laissent le soin de déterminer ce que chacun doit effectivement verser. A l'heure actuelle, le budget allemand est loin d'être en équilibre, même sans tenir compte des réparations. On peut donc dire qu'aucune tentative n'a encore été faite pour résoudre le

en plus des réparations proprement dites. Ces dépenses ont une priorité sur les réparations, et comme l'accord de Londres ne les mentionne pas, je crois que l'Allemagne peut être appelée à les payer en plus des annuités fixées par l'accord de Londres. Mais je me demande si les Alliés ont en réalité l'intention d'exiger cela. Jusqu'ici, les dépenses des armées d'occupation ont été telles qu'elles absorbent la totalité des paiements (voir annexe V). Elles s'étaient élevées, jusqu'au milieu de 1921 jusqu'à 4 milliards de marks-or. En tout cas, il est temps de mettre en vigueur l'accord signé à Paris en 1919, aux termes duquel Clemenceau, Lloyd George et Wilson, s'engageaient à réduire les frais des armées d'occupation à 240 millions de marks-or, aussitôt qu'ils s'étaient convaincus de l'exécution par l'Allemagne des conditions du désarmement. En admettant que ce chiffre réduit soit adopté, la charge globale de l'Allemagne, — réparations et occupation — serait, en évaluant les exportations, à 6 milliards, de 3,8 milliards-or, soit 76 millards papier.

problème de la répartition du fardeau entre les diverses classes et les différents individus.

La question est pourtant fondamentale. Un paiement prend des aspects différents, considéré comme la dette, évaluée en milliards, d'une abstraction temporaire, ou comme une somme définie réclamée à un individu donné. Tant qu'on n'aura pas atteint cette dernière étape on ne ressentira pas pleinement les difficultés intrinsèques du problème. En effet, dès l'instant où l'on demandera aux citoyens de payer, la lutte cessera de mettre aux prises les Alliés et le gouvernement allemand, pour opposer les unes aux autres, les différentes classes sociales d'Allemagne. Le conflit sera violent et rude, car il se présentera aux intéressés en lutte comme une question de vie ou de mort. Les influences égoïstes les plus puissantes interviendront. Les conceptions sociales les plus opposées seront mises à jour. Tout gouvernement qui essaye sérieusement de payer ses dettes est forcé inévitablement de quitter le pouvoir.

3° Quel rapport y a-t-il entre les demandes de réparations et le troisième étalon de la capacité allemande, à savoir le revenu actuel du peuple allemand? Une charge de 70 milliards de marks-papier représente, pour une population de 60 millions d'habitants, un fardeau moyen de 1.170 marks par tête d'habitant.

Les variations de la valeur de la monnaie ont rendu difficile dans tous les pays l'évaluation en monnaie des revenus nationaux. La Conférence de Bruxelles de 1920, en se servant des résultats d'une enquête menée en 1919 et au début de 1920, estimait le revenu individuel moyen en Allemagne à 3.900 marks-papier. Ce chiffre était peut-être trop bas à cette époque. A présent, il l'est certainement, en raison de la dépréciation du mark. Un écrivain travaillant d'après les statistiques officielles relatives à l'impôt sur le revenu, arrivait, dans la *Deutsche Allgemeine Zeitung* du 14 février 1921, au chiffre de 2.333 marks. Ce chiffre est manifestement trop bas parce que les statistiques qui ont servi à l'établir se rapportaient sans doute à des faits antérieurs à la dépréciation du mark, et sans doute aussi parce que la valeur de pareilles statistiques est affectée par les fuites de capitaux. Le docteur Albert Lansburg (*Die Bank*, mars 1921) évaluait au contraire le revenu individuel à 6.570 marks (1). Les calculs du docteur Arthur Heichen, dans le *Pester Lloyd* du 5 juin 1921, indiquaient le chiffre de 4.450 marks. Dans un article publié dans divers pays en août 1921, je risquais le chiffre moyen de 5.000 marks. En le donnant, je subissais l'influence des évaluations ci-dessus et

(1) « Cette évaluation est fondée sur le salaire mensuel moyen de 800 marks-papier pour les hommes et de 400 marks-papier pour les femmes ». En convertissant ces chiffres au taux de 12 marks-papier par mark-or, il arrivait à un revenu national total de 30 ou 34 milliards de marks-or. Il est difficile de voir comment ces statistiques de salaires, même exactes, peuvent mener à un chiffre si énorme.

aussi des statistiques des salaires et des traitements. Depuis lors, j'ai étudié à nouveau la question et je pense toujours que le chiffre que je donnais était assez élevé pour l'époque.

Je suis fortifié dans cette opinion par les réponses que fit aux questions que je lui adressai le docteur Moritz Elsas, de Francfort-sur-Mein, sur l'autorité de qui je fonde les évaluations ci-après.

Les meilleures évaluations du revenu d'avant-guerre de l'Allemagne sont celles du docteur Helfferich dans sa *Deutschlands Volkswohlstand 1886-1913*. Dans cet ouvrage, il évalue le revenu national en 1913 aux environs de 40 milliards de marks-or, plus 2,5 milliards représentant le revenu net des entreprises nationalisées (chemins de fer, postes, etc...), soit 43 milliards en tout, ou 645 marks par tête. En partant de ce chiffre de 41 milliards, — les services nationalisés ne donnent plus aucun bénéfice, — et en le réduisant de 15 p. 100, en raison des pertes territoriales, nous obtenons le chiffre de 34,85 milliards. Quel multiplicateur faut-il lui appliquer pour trouver le revenu actuel évalué en marks-papier? En 1920, les employés de commerce gagnaient en moyenne 4 fois et demie leur salaire d'avant-guerre, et les ouvriers touchaient un salaire nominal six ou huit fois plus fort qu'avant la guerre. Selon le « Statistischen Reichsamt » (*Économie politique et statistique, cahier n° 4, 1er volume*), les employés de commerce gagnaient, au début de 1921, les hommes, six fois plus, et les femmes dix fois plus qu'en 1913.

En calculant d'après les mêmes principes que pour 1920, nous arrivons à cette autre conclusion que le salaire nominal des ouvriers avait été décuplé. Les nombres indicateurs des salaires, publiés par la *Frankfurter Zeitung* en août 1921, estiment le salaire horaire onze fois plus élevé que celui d'avant-guerre, mais le nombre des heures de travail étant passé de 10 à 8, ces chiffres n'indiquent qu'une multiplication par 8,8 du salaire effectivement reçu. Puisque les salaires des employés de commerce n'ont pas augmenté autant; puisque les profits commerciaux évalués en marks-papier n'atteignent que rarement cette proportion; puisque les revenus des rentiers, des propriétaires fonciers et des fonctionnaires ne se sont point autant élevés, il semble que l'on puisse, sans crainte d'être au-dessous de la vérité — ce serait plutôt le contraire — évaluer le revenu actuel de l'Allemagne en multipliant par 8 les chiffres de 1913. D'après les calculs d'avant-guerre de Helfferich, cela donne un revenu global de 278,80 milliards de marks-papier et un revenu individuel moyen de 4.647 marks en août 1921.

Nous n'avons pas tenu compte ici de la mort à la guerre des hommes les plus vigoureux, ni de la perte des placements à l'étranger et de la marine marchande. Mais ces omissions sont compensées par la diminution de l'armée et l'augmentation du nombre des employés.

L'extrême instabilité des conditions économiques rend impossible la tâche de mener une enquête directe jusqu'à ces derniers jours. Dans ces conditions, la méthode du docteur Elsas me paraît la meilleure. Ses résultats permettent de dire que le chiffre ci-dessus est sensiblement exact. Cela nous permet de fixer une limite de possibilité à nos calculs. Je pense qu'à présent nul ne soutient qu'en août 1921 les revenus nominaux fussent en Allemagne dix fois supérieurs à leur niveau d'avant-guerre, et dix fois le chiffre d'avant-guerre, cela représente, d'après les estimations de Helfferich pour 1913, 6.420 marks. *Aucune* statistique de revenus nationaux n'est absolument précise, mais en affirmant qu'au milieu de 1921, le revenu individuel annuel des Allemands était compris entre 4.500 et 6.500 marks, et qu'il était plus près du premier chiffre que du dernier, c'est-à-dire aux environs de 5.000 marks, nous disons tout ce que nous pouvons savoir avec certitude.

En raison de l'instabilité du mark, ces évaluations ne conservent pas longtemps leur valeur. Néanmoins, cela ne bouleverse pas comme on pourrait supposer les calculs qui suivent, parce que le fait que nous venons d'énoncer agit jusqu'à un certain point sur les deux plateaux de la balance. Si le mark continue à se déprécier, le revenu moyen individuel évalué en papier tendra à s'élever, mais, dans ce cas, l'équivalent en marks-papier de la dette des réparations s'élèvera également, puisqu'elle est fixée en or. Un véritable allégement des charges ne pourrait résulter que de la baisse des prix en or, c'est-à-dire, des prix mondiaux.

A la charge résultant de l'obligation de réparer, il faut ajouter la dette centrale et régionale du gouvernement allemand. En recourant aux plus rigoureuses économies, abstraction faite de la répudiation des emprunts et des pensions de guerre, ce dernier fardeau pourrait difficilement être réduit au-dessous de 1.000 marks-papier par tête, ce qui donne le total, bien inférieur à la dépense actuelle, de 60 milliards. Par suite, sur un revenu moyen de 5.000 marks, 43 p. 100, soit 2.170 marks, seraient absorbés par l'impôt. Si les exportations s'élevaient à 10 milliards de marks-or, et le revenu moyen à 6.000 marks-papier, l'impôt prendrait 2.500 marks, soit 42 p. 100.

Dans certaines circonstances, une nation prospère, poussée par des raisons impérieuses d'égoïsme, pourrait supporter cette charge. Mais, au taux du change de 20 marks-papier pour un mark-or, le revenu annuel de 5.000 marks-papier représente £ 12,5 et, déduction faite de l'impôt, £ 7, soit moins de 6 pence par jour. Or, en août 1921, cela représentait en Allemagne un pouvoir d'achat égal à celui de 9 pence ou de 1 shilling en Angleterre (voir un article de M. Elsa sur le pouvoir d'achat du mark-papier dans *l'Économic journal* de septembre 1921). Si l'Allemagne bénéficiait d'un délai, son revenu et, avec lui, sa capacité de paiement augmenteraient, mais les charges qu'elle supporte actuellement rendent toute économie impossible et bien plus probable un avilissement nouveau des conditions d'existence. Les armes et instruments de torture de n'importe quel gouvernement auraient-ils jamais pu, au cours de l'histoire, tirer la moitié de son revenu à un peuple placé dans une telle situation?

C'est pour ces raisons que je conclus que l'accord de Londres nous donne le temps de respirer jusqu'à la fin de 1921, mais qu'il ne peut pas être un règlement plus définitif ni plus permanent que ceux qui l'ont précédé.

ANNEXE III

L'ACCORD DE WIESBADEN

Pendant l'été de 1921, l'attention générale fut vivement intéressée par des bruits relatifs à des entrevues confidentielles entre M. Loucheur et M. Rathenau, tous deux respectivement ministres de la Reconstruction, en France et en Allemagne. On obtint en août un accord provisoire qui fut finalement signé à Wiesbaden, le 6 octobre 1921 (voir le texte à l'appendice n° 8), mais ne put être mis en vigueur qu'après approbation de la commission des réparations. Cette commission, après avoir admis les principes généraux de l'accord, l'a soumis aux principaux gouvernements alliés, en arguant qu'il contient des dérogations au Traité de Versailles, qu'elle n'est pas compétente pour autoriser. Le délégué britannique, sir John Bradbury, a conseillé à son gouvernement d'approuver l'accord, exception faite de certaines modifications qu'il expose dans son rapport (voir appendice n° 8).

L'accord de Wiesbaden est un document compliqué dont on peut cependant saisir aisément l'essentiel. Il se compose de deux parties distinctes. En premier lieu, il établit une procédure qui permet à des entreprises privées françaises d'acheter à des entreprises privées allemandes les matériaux nécessaires à la reconstruction, sans que la France ait aucun paiement à effectuer. En second lieu, il dispose que l'Allemagne ne recevant aucun paiement immédiat de ces marchandises, une partie seulement des sommes qui lui sont ainsi dues lui sera créditée, tandis que le reliquat sera considéré comme une avance faite à la France, qui ne sera portée au crédit de la commission des réparations, qu'à une date ultérieure.

La première partie a partout été unanimement approuvée. Un arrangement susceptible de hâter le paiement des réparations sous la forme de matériaux de reconstruction ne peut que satisfaire de la manière la plus complète les sentiments, les besoins et les nécessités économiques. Mais le Traité prévoyait déjà ces livraisons et la principale valeur de la nouvelle procédure consiste dans la substitution des négociations directes entre Francais et Allemands à l'entremise de la commission des réparations (1).

(1) Incidemment, l'accord de Wiesbaden établit une procédure meilleure que celle du Traité, pour la fixation des prix. D'après le Traité, les prix sont fixés par la seule commission des réparations. Dans l'accord de Wiesbaden, ils sont établis par une commission composée d'un délégué allemand, d'un

La seconde partie est d'un caractère différent, en ce qu'elle contrarie les accords interalliés existants, au sujet de l'ordre et des proportions de la répartition des versements allemands. Elle cherche à assurer à la France une plus large part des premiers versements que celle-ci n'obtiendrait autrement. A mon avis, il serait désirable que la France obtînt un droit de priorité, mais cette priorité devrait faire partie d'un nouveau règlement général des réparations, dans lequel la Grande-Bretagne abandonnerait toute sa créance. En outre, l'accord de Wiesbaden contient un acte d'une bonne foi douteuse de la part de l'Allemagne. Le Reich a déclaré véhémentement (et, je le crois, avec raison) que les décisions de Londres exigeaient de lui plus qu'il ne pouvait accomplir. N'est-il pas inconvenant, dans ces circonstances, qu'il contracte volontairement un accord, qui, s'il est effectif, étendra ses obligations au delà de ce qu'il déclarait exécutable? M. Rathenau peut justifier ses actes en disant que l'accord de Wiesbaden est un premier pas dans la voie du remplacement des décisions de Londres par des arrangements plus sensés, et que, s'il a pour effet de calmer la France, — le créancier le plus pressant du Reich, — l'Allemagne n'aura plus grand chose à craindre de ceux dont elle reste débitrice.

délégué français et d'un tiers. Il doivent établir les tarifs selon les prix existant en France au cours de chaque trimestre, sans que ces prix puissent être de plus de 5 p. 100 inférieurs aux prix allemands.

M. Loucheur, d'autre part, sait sans doute aussi bien que moi que les décisions de Londres ne peuvent pas être exécutées et qu'il est temps de recourir à une politique plus réaliste. Il peut même considérer ses entrevues avec M. Rathenau comme un premier essai de rapports plus intimes entre les intérêts commerciaux des deux côtés du Rhin. Mais ces considérations pouvaient nous amener à un plan d'argumentation tout différent.

Dans son rapport, sir John Bradbury recommande certaines modifications, qui auraient pour effet de maintenir les avantages que contient la première partie de l'accord et d'annuler dans la seconde partie tout ce qui est préjudiciable à l'intérêt des alliés de la France.

Je pense cependant que l'on a attaché trop d'importance à cette question, parce que les réelles livraisons en nature, prévues par l'accord de Wiesbaden ou des accords similaires, n'atteindront sans doute pas les sommes énormes dont on parle. Les livraisons de charbon, de produits tinctoriaux, de navires, prévues par les annexes à la partie VIII du Traité, ne sont pas touchées par l'accord de Wiesbaden. L'accord de Wiesbaden ne s'occupe que des prestations de matériaux que la France s'engage à *consacrer* à la reconstruction des régions dévastées. Or, les plus grands frais de reconstitution sont nécessairement employés à payer la *main-d'œuvre* sur place, plutôt que des matériaux d'importation, et les quantités de marchandises que les entreprises françaises seront prêtes à commander à l'Allemagne aux prix pleins et que l'Allemagne pourra fournir, ne représenteront sans doute pas, durant les cinq prochaines années, une somme qui permette aux autres alliés de jalouser la France.

Il faut aussi étudier une autre question. On attache une grande importance à l'accord de Wiesbaden qu'on veut représenter comme un précédent pour les ententes similaires avec les autres alliés. La question se pose alors de savoir s'il est utile de faire des arrangements pour obtenir de l'Allemagne des paiements en nature pour d'autres fins que la reconstruction des régions dévastées.

On pense couramment que, si notre créance sur l'Allemagne est couverte par des paiements, non pas en argent, mais en marchandises choisies par nous, nous éviterons ainsi la concurrence des produits allemands sur le marché mondial, concurrence qui se produirait fatalement si nous l'obligions à se procurer des devises étrangères en vendant à n'importe quel prix des marchandises à l'étranger.

La plupart des propositions en faveur du paiement en nature de notre créance sont trop vagues pour être discutées. Mais elles font une étrange confusion en supposant que nous aurions quelque avantage à être payés directement en nature, même lorsqu'il s'agit de marchandises que l'Allemagne doit en tout cas exporter. Exemple : les annexes du Traité relatives aux livraisons de houille, de matières tinctoriales et de navires. Certainement ces objets font concurrence à nos propres produits, et je ne vois pas, bien au contraire, l'intérêt qu'auraient les Alliés à recevoir ces marchandises directement, au lieu de laisser l'Allemagne les vendre au mieux pour les payer avec les bénéfices ainsi réalisés. En particulier, en ce qui concerne le charbon, mieux vaudrait que l'Allemagne vendît sa production sur les meilleurs marchés d'exportation, soit en France, soit en Belgique, soit aux neutres, et payât ensuite, argent comptant, la France et la Belgique. En effet, elle est amenée à livrer du charbon aux Alliés qui n'en ont pas l'emploi immédiat, par des voies parfois peu économiques, tandis que les neutres ont besoin de houille et les Alliés d'argent. Dans certains cas, les Alliés ont revendu le charbon livré par le Reich, — et c'est là un procédé extrêmement coûteux, lorsqu'il s'applique à une marchandise dans la valeur de laquelle le fret entre pour une si grande part.

Si nous cherchons à spécifier les marchandises exactes à l'aide desquelles l'Allemagne devra nous payer, nous n'obtiendrons pas d'elle un concours aussi considérable qu'en fixant une somme raisonnable, comprise dans la mesure de ses moyens, et en la laissant libre de trouver de l'argent à sa guise. Si, en outre, la somme fixée est raisonnable, les paiements annuels ne seront pas, proportionnellement au commerce international, extrêmement considérables. Ils ne bouleverseront pas l'équilibre normal de notre vie économique davantage que le relèvement économique progressif d'un rival aussi formidable que l'Allemagne d'avant-guerre.

Je ne fais ces remarques que dans l'intérêt de l'exactitude scientifique, et j'admets fort bien que des projets de paiements en nature puissent servir, politiquement parlant, à sortir de l'impasse où nous sommes. En pratique, la valeur de ces livraisons sera infiniment moindre que celle des sommes actuellement réclamées. Mais, il peut être plus facile de substituer à des paiements d'argent des livraisons en nature qui impliqueront une importante réduction de nos réclamations, que de diminuer franchement notre créance. De plus, s'opposer à ce que l'Allemagne soit libre de payer en monnaie, en vendant des marchandises où et quand elle veut, c'est adhérer aux sentiments protectionnistes qui existent toujours. Si l'Allemagne devait faire un énergique effort pour nous payer par les seuls moyens qui lui soient possibles, c'est-à-dire en vendant, de par le monde, de grandes masses de marchandises à bas prix, de nombreux esprits ne tarderaient pas à voir là un complot visant à notre ruine.

On triomphera facilement de ceux qui pensent ainsi en leur représentant la réduction de nos revendications comme le moyen d'empêcher l'Allemagne de nous faire une dangereuse concurrence. Cette manière de désirer un changement de politique, tout en contenant quelque chose de vrai, contient une part suffisante d'erreur pour permettre au *Times*, par exemple, de la recommander, dans un article de fond, sans se rendre bien compte de son inconséquence intellectuelle. Elle fournit aussi à bien des gens le moyen de se comporter raisonnablement sans avoir eu la peine de penser et de parler de même. Il ne faut point décourager ceux-là ! Une bonne cause n'a que trop rarement l'occasion de faire appel à des sentiments assez mélangés pour lui assurer le succès.

ANNEXE IV

LE CHANGE DU MARK

La valeur en or de la monnaie de papier national inconvertible tombe, — soit parce que le gouvernement dépense plus qu'il ne reçoit de l'impôt et de l'emprunt, et fait face au déficit, en émettant des billets, — soit parce que le pays est forcé de payer davantage à l'étranger pour placer des capitaux ou se libérer de ses dettes. Elle peut, pour un temps, être affectée par la spéculation, c'est-à-dire par la *prévision*, bien ou mal fondée, qu'une des deux influences ci-dessus agira prochainement; mais en général, on s'exagère considérablement l'action de la spéculation. En effet, ses conséquences, si immenses soient-elles, sont nécessairement temporaires. Les deux influences ci-dessus ne peuvent jouer que par l'intermédiaire de la balance des dettes immédiatement exigibles du pays en question vis-à-vis du reste du monde. L'action des paiements à l'étranger agit directement. L'action de l'inflation monétaire se fait sentir indirectement, soit parce que la nouvelle masse de billets stimule l'importation et diminue les exportations, en élevant le pouvoir d'achat local au niveau existant des valeurs, soit parce que l'attente de ces événements crée la spéculation. L'inflation monétaire ne peut avoir aucun effet sur le change, tant qu'elle ne réagit pas sur le commerce extérieur et n'encourage pas la spéculation. Or, la spéculation disparait tòt ou tard, les effets de l'inflation ne peuvent se manifester d'une façon durable qu'en réagissant sur le commerce extérieur.

Ces principes s'appliquent sans difficulté au change du mark depuis 1920. D'abord, toutes ces influences diverses ne s'exerçaient pas dans le même sens. L'inflation fiduciaire et les placements à l'étranger réalisés par les Allemands tendaient à faire baisser la valeur du mark. Mais les achats de valeurs et de monnaie allemandes faits par les étrangers agissaient en sens opposé. Après que le mark eut baissé au-dessous du cours de 100 marks à la livre sterling, beaucoup pensèrent dans le monde qu'une hausse se produirait un jour et qu'on ferait une bonne affaire en achetant du mark ou des valeurs allemandes. Les placements se firent sur une si grande échelle qu'ils mirent à la disposition de l'Allemagne de £ 200 à 250.000.000 de monnaies étrangères. Ces ressources permirent au Reich, du moins en partie, de reconstituer son stock alimentaire et d'approvisionner son industrie, — toutes nécessités, — impliquant un excédent d'importation, — auxquelles il n'aurait pu autrement satisfaire. En outre, elles donnèrent la faculté aux Allemands de retirer leurs biens du Reich et de les placer à l'étranger.

En même temps, l'inflation se poursuivait. Au cours de l'année 1920, la circulation de billets de la Reichsbank doubla, tandis que la valeur extérieure du mark restait sensiblement égale à elle-même.

En outre, jusqu'à la fin de 1920 et même au début de 1921, l'Allemagne ne fit aucun paiement à la caisse des réparations. Elle reçut même de *l'argent liquide*, pour ses livraisons de charbon.

Mais, après le premier semestre de 1921, les diverses forces qui jusqu'alors s'étaient contre-balancées se mirent à agir dans une seule direction, pour déprécier la valeur du mark. L'inflation se poursuivit et, à la fin de l'année, la circulation était portée à trois fois le total qu'elle atteignait deux ans plus tôt. La valeur des importations dépassa celle des exportations. Certains capitalistes étrangers prirent peur et cherchèrent à réduire leurs placements en Allemagne. Pour finir, le gouvernement allemand dut faire d'importants versements d'argent au titre des réparations. Les ventes de marks faites à l'extérieur par le Gouvernement, au lieu d'être couvertes par des achats, venaient s'ajouter aux ventes faites par les capitalistes étrangers. Naturellement, le mark baissa. Il lui fallait tomber à un cours suffisamment bas pour susciter de nouveaux achats ou déterminer les étrangers à conserver les marks qu'ils détenaient (1).

Il n'y a là aucun mystère et tout s'explique aisément. La facilité avec laquelle on a cru à un « complot allemand » destiné à entraîner volontairement la baisse du mark prouve pleinement l'ignorance où se trouve le public des causes qui déterminent les changes, ignorance qui a d'ailleurs beaucoup profité à l'Allemagne lorsque le monde se rua à l'achat des marks-papier.

La dernière étape de la chute du mark résulta principalement des paiements effectués à l'étranger, pour satisfaire aux réparations et rembourser les capitalistes étrangers. La baisse de la valeur mondiale du mark a dépassé alors les limites qu'elle aurait atteinte si elle avait été la conséquence de la seule inflation monétaire.

L'Allemagne aurait besoin de plus de billets qu'elle n'en possède si les prix intérieurs correspondaient aux prix en or, lorsque le change est de 1.000 marks à la livre sterling (2). Si donc,

(1) Ceux qui croient qu'il est absolument vrai que *chaque jour* les ventes doivent être égales aux achats, comprendront aisément le mécanisme des changes.

(2) Il y a environ autant de Bons du Trésor payables à vue que de billets de la Reischbank. L'émission de billets peut donc être étendue aussitôt que le niveau intérieur des prix nécessite davantage de monnaie à cours forcé. Ceux qui demandent au gouvernement du Reich d'arrêter la presse à assignats, veulent-ils que les Bons du Trésor soient annulés,

les autres influences devaient disparaître, ou pour mieux dire, si les réclamations de la Commission des réparations diminuaient et si les capitalistes étrangers reprenaient confiance, un relèvement serait possible.

D'autre part, une tentative sérieuse du gouvernement du Reich pour exécuter les clauses des réparations causerait un tel excédent des dépenses sur les recettes, que l'inflation monétaire et le niveau des prix intérieurs suivraient aussitôt le mouvement de la dépréciation du mark sur les marchés mondiaux.

Dans l'une ou l'autre voie de l'alternative, l'avenir de l'Allemagne est sombre. Si la dépréciation actuelle du change se maintient et entraîne avec elle les prix intérieurs, la répartition nouvelle des richesses entre les diverses classes de la société, entraînera une catastrophe sociale. Mais, si le mark remonte, la suppression du stimulant actuel de l'industrie et des affaires de bourse résultant de la baisse, pourra causer une catastrophe financière (1). Ceux qui sont responsables de la politique financière de l'Allemagne sont en face d'un problème d'une difficulté sans précédent.

si à leur expiration les porteurs veulent être remboursés? Une solution si aisée ne correspond pas aux difficultés des finances publiques d'Allemagne.

(1) Bien plus, toute amélioration de la valeur du mark augmente la dette de l'Allemagne vis-à-vis des porteurs de marks à l'étranger, et aussi le fardeau imposé au Trésor par la dette publique. Un cours de 1.000 marks à la livre sterling a au moins cet avantage, qu'il ramène ces deux charges à un poids raisonnable.

Tant que la question des réparations n'aura pas été raisonnablement réglée, il sera pour autant dire inutile de se fatiguer à creuser un problème insoluble. Lorsque cela sera devenu pratiquement possible, le plus sage sera sans doute d'établir la stabilisation au niveau qui paraîtra le mieux correspondre au commerce et aux prix.

CHAPITRE IV

LES RÉPARATIONS

Le Traité de Versailles indiquait les catégories de dommages dont l'Allemagne devait réparation. Il n'essayait pas d'en évaluer le montant. Cette tâche était réservée à la Commission des réparations qui devait faire connaître les résultats de son travail au gouvernement allemand avant le 1er mai 1921.

Au cours de la Conférence de la Paix, on essaya de s'entendre sur un chiffre global à insérer dans le traité. Les délégués américains, en particulier, préconisaient cette procédure. Mais on ne put se mettre d'accord. Aucun chiffre raisonnable ne répondait aux espérances populaires en France et en Angleterre (1). Le chiffre le plus

(1) On trouvera un compte rendu de la Discussion dans les ouvrages ci-après : BARUCH, *The making of the Reparation and economic Sections of the Treaty* (pp. 45-55).; LAMONT, *What realty happened in Paris* (pp. 262-265); TARDIEU, *La Paix* (pp. 324-333).

élevé qu'acceptassent les Américains était de 140 milliards de marks-or. Il n'était pas, nous le verrons plus loin, de beaucoup inférieur aux propositions de la Commission des réparations. Le chiffre le plus bas auquel consentissent la France et l'Angleterre était de 180 milliards de marks-or, supérieur de beaucoup, comme les événements l'ont montré, à ce que permettaient les catégories de dommages subis par ces nations.

Entre les dates de la Conférence de la Paix et de la notification de la décision de la Commission des réparations, beaucoup de controverses eurent lieu au sujet du chiffre à fixer. Je me propose de passer en revue quelques-uns des détails de ce problème, parce que, si les hommes sont en quelque manière influencés par la vérité dans les questions internationales, il est utile de donner une opinion juste du problème des réparations.

Dans les *Conséquences économiques de la Paix*, nous prétendions principalement ceci : 1° les réclamations adressées par les Alliés à l'Allemagne sont inexécutables ; 2° la solidarité économique de l'Europe est si étroite que tenter de forcer l'Allemagne à payer risquerait de ruiner tout le monde ; 3° l'évaluation des dommages causés en France et en Belgique a été exagérée ; 4° les Alliés ont manqué à la parole donnée en demandant le remboursement des pensions et allocations ; 5° notre créance légitime est comprise dans les limites de la capacité de paiement de l'Allemagne.

J'ai fait dans les chapitres III et VI quelques remarques sur le premier et le second points. Je m'occuperai ici et dans les chapitres suivants du troisième et du quatrième. Ces questions sont encore importantes. En effet, tandis que le temps agit de telle façon que, pour la première et la deuxième questions c'est à peine si on les discute encore, la pression des événements n'a pas encore jeté une lumière suffisante sur le montant de notre créance légitime sur l'Allemagne. Si, cependant, je peux établir la vérité de mon argumentation, le monde se trouvera plus à l'aise pour en arriver à une solution pratique du problème. On croit souvent que dans le cas qui nous occupe les réclamations de la justice sont opposées à celles du possible, si bien que, même si les faits nous obligent à reconnaître que ce sont les dernières qui doivent l'emporter, nous croyons que les premières ne sont pas satisfaites. Mais si, limitant nos revendications aux dévastations de la France et de la Belgique, nous pouvons prouver que l'Allemagne peut entièrement relever ces ruines, nous aurons mis en harmonie les sentiments et l'action.

Pour atteindre ce but, il est nécessaire que nous reprenions, maintenant que nous disposons de renseignements plus complets, la déclaration que nous faisions dans les *Conséquences économiques de la Paix* (p. 103) :

« Le total des dommages matériels accomplis dans les provinces envahies a été l'objet d'exagérations peut-être naturelles, mais en tout cas énormes. »

Cette phrase m'a valu d'être accusé par des Français aussi éminents que M. Clemenceau et M. Poincaré, de n'être point animé par l'amour de la vérité, mais par je ne sais quelle haine de la France en parlant ainsi des allégations de M. Klotz, de M. Loucheur et de quelques autres Français (1). Mais, j'affirme encore à la France que sa cause gagnera à être servie par la vérité et la modération; que les dommages dont elle a souffert auront plus de chances d'être réparés si leur total s'élève à un chiffre raisonnable plutôt qu'à un total défiant toute possibilité d'exécution, et que, plus modérées seront ses revendications, mieux elle pourra s'assurer le concours du monde pour obtenir un droit de priorité. M. Brénier, en particulier, a déclanché toute une propagande, pour porter atteinte à l'exactitude de mes statistiques. Mais ce n'est pas une preuve de noblesse d'âme que d'ajouter plusieurs zéros à la fin d'un total, et ceux-là ne sont pas les bons avocats de la France qui font mépriser son nom et douter de sa bonne foi, en faisant état de calculs mensongers. Nous ne pou-

(1) C'est à propos de ce passage que M. Clemenceau écrit dans sa préface au livre de M. Tardieu : « Fort en thème d'économiste, M. Keynes (qui ne fut pas seul, dans la Conférence, à exprimer cette opinion), combat, sans aucun ménagement « l'abus des exigences des Alliés » (lisez de la France et de ses négociateurs...) Ces reproches, et tant d'autres, d'une violence brutale, dont je n'aurais rien dit si l'auteur, à tous risques, n'eût cru servir sa cause en les livrant à la publicité, font assez clairement voir jusqu'où certains esprits s'étaient montés. »

vons travailler à la reconstruction de l'Europe qu'en amenant non seulement les experts, mais aussi le grand public à envisager froidement la valeur des dommages matériels subis par la France et les possibilités matérielles de réparations, dont dispose l'Allemagne. Le *Times*, dans un article de tête qui présentait certains articles de M. Brénier (4 décembre 1920), écrivait avec un air de mépris : « M. Keynes traite ces problèmes comme des questions de pure statistique ». Le chaos et la misère persisteront tant que l'on usera des statistiques pour exprimer commodément des sentiments. Convenons que dans l'étude qui va suivre nous nous servirons de la statistique pour mesurer des faits et non comme étalon de nos sympathies et de nos haines.

Laissant de côté pour l'instant les articles relatifs aux pensions, aux allocations et aux emprunts de la Belgique, examinons ce qui a trait aux dommages causés dans le nord de la France. Les réclamations émises par le gouvernement français n'ont pas beaucoup varié depuis 1919 et la Conférence de la Paix jusqu'à 1921 et l'époque où la Commission des réparations fit connaître sa décision. Les fluctuations de la valeur du franc pendant cette période jetèrent cependant quelque confusion dans le débat.

Au début de 1919, M. Dubois, parlant au nom de la Commission des finances de la Chambre, indiquait le chiffre de 65 milliards de francs comme un minimum.

M. Loucheur, ministre de la Reconstitution industrielle, évaluait au Sénat les frais à 75 milliards.

Le 9 septembre 1919, M. Klotz s'adressant à la Chambre, en tant que ministre des Finances, évaluait la totalité de la créance française, au titre des réparations aux biens (y compris sans doute les pertes en mer), à 134 milliards.

En juillet 1920, M. Dubois, à ce moment président de la Commission des réparations, établissait, dans un rapport destiné aux Conférences de Bruxelles et de Spa, ses estimations à 62 milliards au prix d'avant-guerre (1).

En juillet 1921, M. Doumer, ministre des Finances, donnait le chiffre de 110 milliards. La réclamation réelle que le gouvernement français soumit à la Commission des réparations en avril 1921 s'élevait à 127 milliards de francs-papiers (2). A cette époque, la valeur au change du franc, et son pouvoir d'achat, avait considérablement baissé. Pour cette raison, il n'y a pas une aussi grande différence que l'on pourrait croire entre les évaluations ci-dessus.

Pour prendre une décision, la Commission des réparations avait besoin de convertir ces récla-

(1) A la même époque, la Commission allemande des réparations évaluait ces dépenses à environ 7.228 millions de marks-or, sur la base des prix d'avant-guerre, soit 1/7 du chiffre de M. Dubois.

(2) Le détail des ces réclamations se trouve dans l'appendice N° 3. Le chiffre ci-dessus comprend les dommages à l'industrie, aux maisons, à la propriété non-bâtie, aux biens de l'Etat, aux travaux publics.

mations, émises en francs-papier, en marks-or. Le choix du cours donna lieu à une vive controverse. Au taux du change courant à l'époque (avril 1921) le mark-or valait, 3,25 francs-papier. Les délégués français prétendirent que cette dépréciation de leur monnaie était temporaire et que l'on ne pouvait pas établir sur cette base un règlement durable. Ils réclamèrent donc un taux d'échange variant entre 1 fr. 50 et 1 fr. 75 au mark-or (1). La question fut soumise à l'arbitrage de M. Boyden, délégué américain à la Commission des réparations, qui, comme la plupart des arbitres, adopta un moyen terme et proposa le taux de conversion de 2,20 francs-papier pour un mark-or (2). Cet expert aurait peut-être eu quelque difficulté à justifier sa décision.

Des prévisions, relatives à la valeur-or du franc, étaient importantes en ce qui concernait les pensions. Mais, pour ce qui était des dommages matériels, aucun calcul de ce genre n'était nécessaire (3). En effet, la créance française était fondée sur le prix courant de reconstruction, dont le coût en or n'a pas de raison de s'élever corrélativement à une hausse de la valeur-or du franc,

(1) Voir le discours de M. Loucheur à la Chambre, le 20 mai 1921.

(2) Pour que ce cours fût justifié, il faudrait que le franc valût 11 cents à Wall-Street.

(3) La déclaration de M. Loucheur à la Chambre impliquait que le taux de conversion pouvait s'appliquer aux dommages matériels aussi bien qu'aux pensions. C'est ce que j'ai supposé dans ce qui suit, les informations officielles faisant défaut.

toute amélioration du change devant tôt ou tard être compensée par une baisse du prix en francs-papier.

Il eût été convenable de tenir compte de tout excédent du pouvoir d'achat intérieur du franc sur son équivalent-or à l'extérieur. Mais, en avril 1921, le franc n'était pas loin de « la parité de son pouvoir d'achat » et sur cette base, il convenait de compter 3 francs-papier pour un mark-or. Le taux de 2 fr. 20 eut pour effet d'augmenter considérablement la créance de la France sur l'Allemagne.

A ce cours, la réclamation de 127 milliards de francs-papier représentant les dommages-matériels aux biens, représentait 57,7 milliards de marks-or. Les principaux chapitres de la créance étaient les suivants :

	Millions de francs-papier.	Millions de marks-or.
Dommages industriels	38.882	17.673
Dommages aux maisons . . .	36.892	16.768
Mobiliers	25.119	11.417
Propriété non bâtie	21.671	9.850
Domaine de l'État	1.958	890
Travaux publics	2.583	1.174
Total.	127.105	57.772

Ce total est un de ceux que je crois le plus largement, le plus monstrueusement exagérés. Il ne répond à rien de ce que légitimerait un examen un peu serré. Au moment où j'écrivais les *Consé-*

quences économiques de la Paix, je ne disposais point de statistiques précises relativement aux dommages causés. Je pouvais seulement fixer une limite maxima à une créance raisonnable, en tenant compte de la richesse d'avant-guerre des zones dévastées. A présent, avec des données plus précises, on peut faire échec à de telles revendications.

Les détails suivants sont tirés d'un discours fait au Sénat par M. Briand le 6 avril 1921, et d'un document officiel publié quelques jours plus tard. Ils représentent la situation telle qu'elle se présentait alors (1) :

(1) Les évaluations des dommages données par M. Briand sont moins élevées que celles qui se trouvaient dix mois plus tôt, en juin 1920, dans un rapport fait par M. Tardieu en sa qualité de président du Comité des régions dévastées. Mais la différence n'est pas très sensible. Pour faciliter la comparaison, voici les chiffres de M. Tardieu et ceux qui représentent l'œuvre déjà accomplie de reconstruction :

		Destructions.	Réparations.
Maisons totalement detruites		319.269	2 000
Maisons partiellement detruites		313.675	182.000
Chemins de fer		5.534 km.	4.[illegible]2 km.
Canaux		1.596 km.	784 km.
Routes		39.000 km.	7.548 km.
Ponts, quais		4.78[illegible] km.	3.421 km.
Terres arables (hectares).	Dévastées		3.200.000
	Nettoyées d'obus		2.900.000
	Nivelées		1.700 000
	Labourées		1.150.000
Usines	Detruites		11.500
	Reconstruites		3 540
	En voie de reconstruction		3.812

Une évaluation plus récente de M. Dubois a été publiée dans les documents parlementaires sous le n° 5.432 de la session de 1918.

1° La population des régions dévastées était de 4.300.000 habitants en 1914 et de 4.100.000 en avril 1921.

2° 95 p. 100 du sol cultivable avaient été remis en état et 90 p. 100, étaient remis en culture.

3° Pour remplacer 293.733 maisons totalement détruites, 132.000 bâtiments provisoires avaient été construits.

4° Sur 296.502 maisons partiellement détruites, 281.000 avaient été réparées.

5° 50 p. 100 des usines travaillaient à nouveau.

6° La presque totalité des 2.404 kilomètres de voie détruite avait été remise en état.

Il semble donc qu'à part la reconstruction des maisons et des usines, qui restait encore à accomplir, la plus grande partie des ruines avait été relevée par le labeur quotidien de la France, deux ans après la Conférence de la Paix, sans que l'Allemagne eût encore rien payé.

C'est là un grand résultat, — il montre une fois de plus la richesse que représente pour la France le travail de ses paysans qui fait d'elle une des nations prospères du monde, malgré la corruption de la finance parisienne qui depuis une génération gaspille les fonds et les placements de ses capitalistes. Lorsque nous nous tournons vers le nord, nous voyons ce que d'honnêtes Français peuvent accomplir (1). Mais lorsqu'on considère

(1) Des évaluations plus récentes ont été données en juillet 1921 par M. Fournier-Sarloveze, député de l'Oise, à l'aide sans doute de renseignements officiels. Voici les chiffres qu'il

les réclamations qui ont été émises à ce propos, on se retrouve dans cette atmosphère de la finance parisienne, si avide, si fausse, et si follement menteuse qu'elle finit par ruiner ses propres projets.

Comparons, en effet, quelques dévastations subies avec les revendications auxquelles elles donnèrent lieu.

1. — 293.733 maisons ont été totalement détruites et 296.502 détruites en partie. Comme la plupart de ces dernières ont été complètement réparées, nous ne sous-estimerons pas le dommage indiqué :

Maisons d'habitation.

Lors de l'armistice	Totalement détruites	289.147
	Gravement détériorées	164.317
	Légèrement détériorées	258 419
En juillet 1921	Complètement reconstruites	118.863
	Provisoirement reconstruites	182.294

Édifices publics.

	Eglises.	Bâtiments.	Écoles.	Postes.	Hôpitaux.
Détruits	1.407	1.415	2.243	171	30
Endommagés	2.079	2.154	3.153	271	197
Restaurés	1.214	322	620	53	28
Provisoirement réparés	1.097	931	2.095	196	128

Terres cultivées.

		Arpents.
Lors de l'armistice :	Totalement inutilisables	4 693.516
En juillet 1921	Nivelées	4 067.401
	Labourées	3.528.[illegible]50

Bétail (têtes).

	1914.	Novembre 1918.	Juillet 1921.
Gros bétail	890.084	57.500	478.000
Chevaux, ânes, mulets	412 730	32.600	235.400
Moutons et chèvres	958.308	6[illegible].100	236.700
Porcs	358.003	25.000	169.000

subi en supposant qu'en moyenne, les maisons détériorées ont été *à moitié* détruites, ce qui nous donne un total équivalent à 442.000 maisons complètement détruites. D'un autre côté, nous voyons que le gouvernement a émis des réclamations, en vue de la réparation des dommages causés aux maisons, s'élevant à 16.768 millions de marks-or, soit, au change de £ 1 = $ 4 (une livre = 4 dollars), £ 1.006.000.000. En divisant cette somme par le nombre des maisons, nous obtenons le chiffre moyen par maison de £ 2.275 ou de 113.550 francs-papier (au cours de 50 francs pour une livre)! Ce chiffre est censé représenter la valeur des habitations des paysans et des mineurs, dans de petites villes de province! M. Tardieu dit que M. Loucheur a déclaré que dans la région de Lens-Courrières, les maisons valaient 3.000 francs avant la guerre, mais coûteraient 15.000 francs à reconstruire. En avril 1921, les frais de construction, à Paris, étaient évalués, en francs-papier, à trois fois et demie le prix d'avant-guerre (1).

(1) M. Brénier, qui a passé beaucoup de temps à me critiquer, cite dans le *Times* du 24 janvier 1921 un architecte français qui évalue les frais de reconstruction à £ 500 par maison, et aussi une estimation allemande qui établit une moyenne d'avant-guerre de £ 240. Il déclare également dans le même article que le nombre des maisons détruites est de 304.191, et celui des maisons détériorées, de 290.425, soit 594.666 en tout. Après avoir montré l'importance des sentiments dans cette question, il multiplie par £ 500 le nombre, non des maisons, mais des habitants, et arrive au total de £ 750.000.000. Que répondre à une multiplication aussi sentimentale? Comment discuter sur de pareilles bases? Les autre chiffres de M. Brénier sont si

Mais, même si nous évaluons le coût de reconstruction à cinq fois le prix d'avant-guerre, soit à 25.000 francs-papier par maison, les réclamations du gouvernement français restent encore trois fois et demie trop importantes. J'imagine que cette différence résulte en partie de ce que la revendication officielle française contient certains dommages indirects, tels que la perte de loyer.

On ne sait pas quelle attitude a adoptée la Commission de réparations en face des dommages pécuniaires et commerciaux *indirects* résultant de la guerre dans les régions dévastées. Mais je ne pense pas que le traité autorise des réclamations de ce chef. Ces pertes, si réelles qu'elles fussent, ne diffèrent pas essentiellement de dommages analogues, subis en d'autres parties du territoire, et même chez tous les Alliés. Ce chapitre d'ailleurs serait bien loin de justifier le chiffre ci-dessus et nous pouvons laisser une marge considérable pour des articles additionnels, sans amoindrir nos conclusions quant à l'exagération de la réclamation française. Dans *Les Conséquences économiques de la Paix*, j'estimais que £ 250.000.000 représentaient assez bien les dommages à la propriété bâtie. Je m'en tiens à cette opinion.

2. — Cette créance ne comprend pas les dom-

nettement un ramassis de fautes d'impression, de calculs sophistiques, de mélanges d'arpents et d'hectares, que, s'il est facile de transformer son argumentation en région dévastée, il serait inutile d'établir la moindre critique sérieuse sur ce fatras bien intentionné. Sur ces questions, M. Brénier vaut à peu près M. Raphaël Georges Lévy.

mages causés aux mobiliers, qui représentent un chapitre à part de 11.417 millions de marks-or. Pour vérifier ce total, supposons que la totalité des mobiliers ait été détruite, non seulement dans les maisons détruites, mais aussi dans les maisons endommagées. Nous exagérons ainsi nos réclamations, mais nous pouvons le faire parce que, dans bien des cas, les meubles ont été pillés et n'ont pas été rendus à leurs propriétaires (en fait, un grand nombre a été restitué) dans des maisons qui sont restées intactes.

Le nombre des maisons détruites ou détériorées est de 590.000.

En répartissant sur ce total 11.417 millions de marks-or, on arrive à une moyenne de 18.880 marks-or, représentant la valeur du mobilier de chaque maison de paysan ou de mineur! J'hésite à calculer l'exagération qui se dégage de ces calculs.

3. — La plus importante créance figure sous le chapitre des dommages industriels, pour 7.673 millions de marks-or, ou environ £ 1.060 millions. En 1919, M. Loucheur évaluait le coût de reconstruction des mines de houille à 2.000 millions de francs, soit £ 80.000.000 au pair du change (1). La valeur d'avant-guerre des mines du Royaume-Uni était de £ 130.000.000 et leur production

(1) M. Tardieu déclare qu'en raison de la hausse consécutive des prix, l'évaluation de M. Loucheur est, en francs-papier, très insuffisante. J'ai tenu compte de cette objection en faisant une conversion en livres sterling, au pair.

quinze fois supérieure à celle des régions dévastées de la France (1). Le chiffre donné ci-dessus semble donc trop élevé. Mais, même si nous l'acceptons, il reste, dans le chiffre global des dommages à l'industrie, près d'un milliard de livres qu'il faut représenter. Les grandes entreprises textiles de Lille et de Roubaix furent privées de leurs machines, mais les bâtiments n'ont pas été très endommagés. La preuve en est qu'en 1920, les industries de la laine et du coton de cette région occupaient respectivement 93,8 p. 100 et 78,8 p. 100 de leur personnel d'avant-guerre. A Tourcoing, 55 usines sur 57, et à Roubaix, 46 sur 48 fonctionnaient (2).

Il paraît que la marche de 11.500 établissements industriels a été arrêtée. Mais ce chiffre contient des ateliers de village dont les trois quarts n'occupaient pas 20 personnes et dont la moitié travaillait de nouveau en 1921. Quelle est la réclamation moyenne émise sous ce chapitre? Déduction faite comme ci-dessus des mines de houille, en divisant le total par 11.500, on arrive au chiffre de £ 8.500. L'exagération semble ici, à première vue, aussi considérable que celle que nous avons constatée à propos des mobiliers.

(1) Les mines de Lens, qui ont subi les chômages les plus graves, comptaient 29 puits en 1913. Elles employaient 16 000 mineurs et produisaient 4 millions de tonnes.

(2) Ces chiffres ont été tirés de l'ouvrage de M. Tardieu, qui prétend alternativement, de la manière la plus limpide, dans des chapitres successifs pour les besoins de sa cause, tantôt que la reconstruction commence à peine et tantôt qu'elle est presque achevée.

4. — Reste la propriété non bâtie. La créance figurant dans ce chapitre est de 9.850 millions de marks-or, ou de £ 590.000.000. M. Tardieu (op. cit. p. 386) cite les paroles suivantes prononcées par M. Lloyd George au cours d'une discussion où, à la Conférence de la Paix, il indiquait le caractère excessif des réclamations de la France : « Si vous aviez à dépenser l'argent que vous demandez pour la reconstruction des pays dévastés du Nord de la France, j'affirme que vous ne parviendriez pas à l'employer. Aussi bien, la terre est toujours là. Quoique bouleversée en certains endroits, elle n'a pas disparu. Même si vous vendiez le Chemin des Dames, vous trouveriez acquéreur. » Les événements ont justifié la phrase de M. Lloyd George. En avril 1921, le président du Conseil français était en état de déclarer au Sénat que 95 p. 100 du sol arable étaient nivelés et que 90 p. 100, labourés, produisaient des récoltes. Certains vont même jusqu'à dire que la fertilité du sol a été accrue par les bouleversements de sa surface, et qu'il lui a été profitable de rester en friche pendant plusieurs années. La réparation de cette catégorie de dommages a donc été plus facile qu'on ne pensait. Ce point mis à part, la zone cultivée, sans compter les forêts des onze départements envahis, comprenait environ 2.693.250 hectares, dont 108.000 se trouvaient dans la « zone de destruction » ; 800.000 dans la « zone de tranchées et de bombardements » ; et 1.680.000 dans la « zone de simple occupation. »

La créance totale, par conséquent, s'élevait en moyenne à 36 livres sterling par hectare dans l'ensemble et pour les 2 catégories ci-dessus à 104 livres. Cette créance, bien que figurant au chapitre de la propriété non bâtie, comprend probablement des constructions agricoles (autres que les maisons), du bétail, et les moissons sur pied en août 1914. L'expérience l'a montré : les qualités permanentes de la terre n'ont diminué que dans une très faible proportion et par conséquent les derniers chapitres que nous avons énoncés constituent la plus grande partie de la créance. Il nous faut également, du reste, tenir compte des destructions subies par les forêts ; mais si même nous évaluons très haut les dommages de chacune de ces catégories, je ne vois pas bien comment nous pouvons atteindre un total supérieur au tiers du chiffre mis en avant par les Alliés.

Notre argumentation, si imprécise soit-elle, suffit à démontrer que les réclamations émises devant la commission des réparations sont insoutenables. Je pense en effet qu'elles sont supérieures de quatre fois à la vérité. Il est possible que j'aie omis quelques articles de la créance et il faut, dans les discussions de cet ordre, laisser une marge considérable pour l'erreur. Je dirai donc seulement, qu'en moyenne, les revendications des Alliés sont au moins deux ou trois fois supérieures à la réalité.

J'ai beaucoup parlé des réclamations françaises parce que ce sont les plus considérables et parce qu'il est possible d'avoir plus de renseignements à leur sujet, que sur celles des autres alliés. La créance de la Belgique est sujette aux mêmes critiques que celle de la France, cependant les taxes imposées à la population civile, les dommages causés à la personne des civils figurent pour une plus large part dans ces dernières réclamations. Ses dommages matériels sont en effet beaucoup moins considérables que ceux subis par la France. L'industrie belge a déjà atteint à peu près son niveau de productivité d'avant-guerre et l'œuvre de reconstruction est pour ainsi dire achevée. Le ministre de l'Intérieur de Belgique déclarait au Parlement, au mois de février 1920, qu'à l'époque de l'armistice, 80.000 maisons et 1.100 édifices publics avaient été détruits. Cela laisse supposer que la créance belge figurant sous ce chapitre doit être à peu près égale au quart des réclamations de la France ; mais étant donné la plus grande prospérité des régions dévastées de la France, les pertes belges n'atteignent probablement pas cette proportion. Les réparations demandées par la Belgique pour la propriété bâtie et non bâtie, les navires, les dommages causés aux civils, s'élevaient à 34 milliards 254 millions de francs belges. Or, le ministre belge des Finances, dans un rapport officiel publié en 1913, évaluait la richesse totale du pays à 29 milliards 525 millions de francs belges. Il est donc clair que même en tenant compte de la dépréciation du franc belge, qui nous sert d'étalon, le chiffre que nous avons donné est grossièrement exagéré. On peut affirmer qu'il l'est au moins autant que celui que la France mettait en avant.

La créance de l'empire britannique, abstraction faite des pensions et des allocations, figure presque entièrement sous le chapitre des dommages maritimes. On connaît avec précision la quantité de tonnage détruite et endommagée, mais il est très difficile d'estimer la valeur des chargements transportés.

En prenant pour base un chiffre moyen de 30 livres par tonne de navire et de 40 livres par tonne brute de chargement, j'évaluais, dans les *Conséquences économiques de la paix*, la créance totale à 540 millions de livres. Le chiffre actuellement proposé est de 764 millions de livres. Tout dépend de la date à laquelle sont calculés les frais de remboursement. En fait, la plupart du tonnage détruit fut remplacé par des navires dont la construction avait commencé soit avant la fin de la guerre soit très peu de temps après l'armistice, ce qui nécessita des dépenses plus considérables qu'en 1921 par exemple. Mais, même ainsi, le chiffre réclamé par l'Entente est encore très élevé, il semble fondé sur le prix moyen de 100 livres par tonne anglaise de navires ou de chargement. D'aucuns déclarent que, pour compenser cette exagération, il n'est pas tenu compte des dommages causés aux navires qui n'ont pas été coulés. Ce chiffre est bien plus le total le plus haut auquel on puisse arriver, qu'une estimation judicieuse. Je m'en tiens donc aux évaluations que j'ai données dans les *Conséquences économiques de la Paix*.

Je ne parlerai pas des créances des autres alliés, on en trouvera le détail dans l'appendice n° 3.

Les observations qui précèdent se rapportent aux dommages matériels et non pas aux pensions et aux allocations qui constituent cependant un chapitre très considérable.

D'après le traité, ces dernières doivent être calculées « à la valeur capitalisée à la date de la mise en vigueur du présent traité sur la base des tarifs en vigueur en France, à la date ci-dessous » ; cela revient à dire que les tarifs applicables à l'armée française doivent être étendus à tous les alliés. Il en résulte que l'on obtient un chiffre qui laisse peu de place pour l'erreur. En milliards de marks-or, la créance se présenterait comme suit (1) :

	Milliards de marks-or.
France	33
Empire britannique	37
Italie	17
Belgique	1
Japon	1
Roumanie	4
Total	93

Ce total ne comprend ni la Serbie, ni les Etats-

(1) Les conversions sont faites sur la base de 2 fr. 20 par mark-or et de 20 marks-or par livre sterling.

Unis. Il peut donc s'élever en tout à environ 100 milliards de marks-or (1).

A quoi s'élève le total des réclamations figurant sous tous ces chapitres, et quel rapport y a-t-il entre le chiffre auquel nous arriverons et la somme fixée finalement par la Commission de réparations ? Les créances indiquées ci-dessus sont calculées en différentes monnaies nationales, et il ne laisse pas d'être difficile d'obtenir un total exact. Dans le tableau suivant, les francs français sont convertis en marks-or au taux de 2,20 (chiffre adopté par la commission des réparations, comme nous l'avons dit plus haut), les livres sterling aux environs du pair, le franc belge au même taux que le franc français, les lires italiennes, au cours de 4,20, les dinars serbes à 8,40 et le yen japonais au pair.

	Milliards de marks-or.
France	99
Empire britannique. . .	54
Italie	27
Belgique	16,5
Japon.	1,5
Yougo-Slavie	9,5
Roumanie	14
Grèce.	2
Total.	223,5

(1) Ce chiffre est exactement celui que j'indiquais dans *Les Conséquences économiques de la Paix* (page 133), mais j'ajoutais alors : « Nous avons plus de confiance dans l'exactitude approximative du chiffre total que dans la répartition des

Ne figurent pas dans ce tableau, la Pologne, ni la Tchéco-Slovaquie (dont les créances ne sont pas recevables), ni les États-Unis qui ne font aucune réclamation.

En chiffres ronds, par conséquent, nous pouvons évaluer les revendications soumises à la Commission des réparations aux environs de 225 milliards de marks-or, dont 95 milliards représentaient les pensions et les allocations, et 130 milliards les dommages causés aux biens.

Lorsque la Commission des réparations fit connaître sa décision, elle ne donna aucunes précisions relatives aux diverses réclamations et aux différents chapitres de la créance. Elle se contenta d'indiquer un chiffre global qui s'élevait à 132 milliards, soit à 58 p. 100 du total réclamé. Cette décision n'avait rien à voir avec la capacité de paiement de l'Allemagne, c'était seulement une évaluation qui voulait être juste, de la somme que légitimaient les diverses clauses du chapitre des réparations du traité de Versailles.

La décision fut prise à l'unanimité, mais seulement après de vives discussions. Il ne convient pas de constituer une commission et de lui commander de prendre des décisions équitables relativement aux nations mêmes qui ont mandaté les délégués qui la composent. C'est cependant la méthode instituée par le traité de Versailles,

frais entre les divers réclamants ». Cette restriction était nécessaire ; j'avais en effet surestimé les réclamations de la France et sousestimé celles de l'Empire britannique et de l'Italie.

qui suppose sans doute que les alliés sont incapables d'être injustes, voire même partiaux.

Rien n'a été publié en Angleterre au sujet des discussions qui précédèrent la décision de la Commission des réparations. Mais M. Poincaré, ancien président de la Commission, probablement bien informé de cette affaire, a levé un coin du voile dans un article de la *Revue des Deux Mondes* du 15 mai 1921. Il nous apprend dans cet article que le résultat final fut acquis au prix d'un compromis entre les délégués français et anglais, ce dernier voulant fixer le total à 104 milliards et défendant sa thèse avec une éloquence habile et même passionnée (1).

Lorsque la Commission des réparations a fait connaître sa décision, qui réduisait d'une façon si considérable les réclamations qui lui avaient été soumises, je l'ai considérée, peut-être parce qu'elle était très voisine de mes propres prédictions, comme un grand succès pour la justice internationale. La Commission des réparations a fait un grand pas en démasquant l'exagération des revendications des gouvernements alliés. En effet, les demandes de réparations pour dommages causés aux biens ont dû être considérablement réduites, puisque la créance au titre des pensions,

(1) « Il avait été le résultat d'un compromis assez pénible entre le délégué français, l'honorable M. Dubois, et le représentant anglais sir John Bradbury, depuis lors démissionnaire, qui voulait s'en tenir au chiffre de 104 milliards, et qui avait défendu la thèse du gouvernement britannique avec une habileté passionnée ».

pouvant être assez facilement évaluée avec exactitude (1), n'a guère pu être sujette à une erreur initiale voisine de 42 p. 100. Si par exemple la Commission des réparations a ramené les revendications relatives aux pensions et allocations de 95 milliards à 80 milliards, elle a dû réduire les autres réclamations de 130 à 52 milliards, soit de 60 p. 100. Mais, même s'il en est ainsi, je ne pense pas que ces évaluations puissent être défendues devant un tribunal impartial. Le chiffre de 104 milliards attribué par M. Poincaré à sir John Bradbury est probablement le plus exact que l'on puisse actuellement calculer.

Pour compléter notre résumé des événements, il nous faut ajouter deux détails : 1° le total établi par la Commission des réparations comprend toutes les dettes de l'Allemagne *et de ses Alliés*. Il comprend, par conséquent, les dommages causés par les armées de l'Autriche-Hongrie, de la Turquie et de la Bulgarie. Il faudra donc déduire de la somme due les paiements faits par les alliés de l'Allemagne, en admettant qu'ils en fassent jamais. Mais l'annexe I du chapitre des réparations du traité de Versailles rend l'Allemagne responsable de la totalité de la dette. 2° Ce total ne comprend pas le remboursement des sommes prêtées à la Belgique par ses alliés durant la guerre. A l'époque de l'accord de Londres (mai 1921), on considérait provisoirement que

(1) Le principal sujet des discussions portait sur le taux de conversion des francs-papier en marks-or.

l'Allemagne devait de ce chef environ 3 milliards de marks-or. Mais nulle disposition n'avait été prise au sujet de la conversion en marks-or de ces emprunts qui avaient été émis en dollars, en livres sterling et en francs. La question fut soumise à l'arbitrage de M. Boyden, délégué des États-Unis à la Commission des réparations. A la fin de septembre 1921, M. Boyden décida que l'on adopterait le cours du change à l'époque de l'armistice. J'estime que la créance des Alliés figurant sous ce chapitre s'élève, y compris les intérêts à 5 p. 100 prévus par le traité, à environ 6 milliards de marks-or, dont un peu plus du 1/3 sont dus à la Grande-Bretagne et un peu moins du 1/3 respectivement à la France et aux États-Unis.

Pour conclure, je dirai donc que la meilleure évaluation de la somme totale due par l'Allemagne aux termes de la lettre du traité de Versailles, s'élève à 110 milliards de marks-or qui se répartissent entre les principales catégories de dommages dans la proportion suivante : 74 milliards pour les pensions et les allocations, 30 milliards pour les dommages causés directement à la personne et aux biens des civils, 6 milliards pour la dette de guerre de la Belgique.

Ce total est supérieur à ce que l'Allemagne peut payer, mais la créance des Alliés, non compris le remboursement des pensions et des allocations, se trouve dans la limite de ses moyens. L'inscription au chapitre des réparations du remboursement des pensions et allocations fit l'objet d'une discussion longue et amère lors de la Conférence de la Paix. Je prétends que ceux-là avaient raison qui soutenaient que ces réclamations étaient opposées aux conditions selon lesquelles l'Allemagne avait capitulé lors de l'armistice. Je traite ce sujet dans le chapitre suivant.

ANNEXE V

RECETTES ET DÉPENSES ANTÉRIEURES AU 1er MAI 1921

Le traité de Versailles prévoyait que l'Allemagne devait payer 20 milliards de marks-or avant le 1er mai 1920; mais cette disposition était si éloignée de toute possibilité de réalisation pratique que, pendant quelque temps, personne ne parla de cette trouvaille de l'imagination sans fantaisie des délégués à la Conférence de la Paix. Comme l'accord de Londres du 5 mai 1921 l'a complètement laissée tomber, il n'importe pas de revenir sur ce qui est devenu une question surannée. Mais il est intéressant de connaître quels paiements l'Allemagne a réellement effectués au cours de la période de transition.

Les détails suivants sont tirés d'un rapport publié par la trésorerie britannique en août 1921.

Evaluation approximative par la Commission

des réparations des livraisons faites par l'Allemagne du 11 novembre 1918 au 30 avril 1921 :

	Marks-or.
Paiements en espèces . .	99.334.000
Livraisons en nature :	
Navires.	270.331.000
Charbon	437.161.000
Produits tinctoriaux . .	36.823.000
Prestations diverses . .	937.040.000
	1.780.690.000
Biens immobilisés et actif non encore encaissé. .	2.754.105.000
Total. . .	4.534.792.000

Les biens immobilisés sont principalement les mines de la Sarre livrées à la France, le domaine public dans le Schleswig livré au Danemark et les biens de l'État se trouvant dans les territoires remis à la Pologne.

La totalité des paiements en espèces, les 2/3 des navires et le 1/4 des produits tinctoriaux échurent au Royaume Uni. Une partie des navires et des produits tinctoriaux, les mines de la Sarre, la plus grande partie du charbon et des « prestations diverses », comprenant des matériaux laissés derrière elle par l'armée allemande, furent livrées à la France. Quelques navires, une partie du charbon, l'indemnité payable par le Danemark en raison de la cession du Schleswig furent remis à la Belgique. L'Italie reçut une partie des livraisons de charbon, des navires et quelques autres choses. La valeur des biens de l'état allemand en Pologne, fut naturellement créditée à la Pologne.

Mais toutes ces sommes ne pouvaient pas être portées au compte des réparations. Il fallait en déduire : 1° les sommes remises à l'Allemagne aux termes de l'accord de Spa, soit 360 millions de marks-or (1) et 2° les dépenses des armées d'occupation.

En septembre 1921, la Commission des réparations publia l'évaluation approximative suivante du coût des armées d'occupation interalliées depuis l'armistice jusqu'au 1er mai 1921.

	Dépense totale.	Depense par jour et par homme.
	—	—
États-Unis. . . .	$ 278.067.610	$ 4,50
Grande-Bretagne .	£ 52.881.298	£ 14
France.	2.304.850.470 fr.	15 fr. 25
Belgique.	378.731.390 fr.	16 fr. 50
Italie	15.207.717 fr.	22 fr. »

La conversion de ces sommes en marks-or souleva, comme d'habitude, une controverse au sujet du cours auquel elle doit être faite. Le total fut, quoiqu'il en soit, estimé aux environs de 3 mil-

(1) Ce total représente 5.500.000 livres, avancées par l'Angleterre, 772 millions de francs par la France, 96 millions par la Belgique, 147 millions de lires par l'Italie et 55 millions de francs par le Luxembourg.

liards de marks-or sur lesquels 1 milliard était dû aux États-Unis, 1 milliard à la France, 900 millions à l'Angleterre, 175 millions à la Belgique et 5 millions à l'Italie (1). Le 1er mai 1921, la France avait 70.000 hommes sur le Rhin, l'Angleterre 18.000 et les États-Unis un nombre insignifiant.

Le résultat net de la période de transition se présentait donc de la manière suivante :

1° Abstraction faite des biens d'État livrés à la Pologne, la totalité des versements obtenus de l'Allemagne au cours des deux ans et demi qui suivirent l'armistice, couvrirent tout juste les frais du recouvrement, c'est-à-dire les dépenses des armées d'occupation, et ne nous laissèrent *rien* pour les réparations.

2° Mais comme les États-Unis n'ont pas encore été remboursés du milliard que leur ont coûté leurs armées, les autres alliés se sont partagé un excédent d'environ un milliard. Cet excédent ne s'est pas réparti également entre eux : l'Angleterre a touché de 450 à 500 millions de marks-or de moins que ses dépenses, la Belgique de 300 à 350 millions de plus et la France de 1 mil-

(1) Les autorités allemandes ont publié un chiffre un peu plus élevé selon un memorandum soumis au Reichstag en septembre 1921 par le Ministre des Finances. Le coût des armées d'occupation et de la commission interalliée des provinces rhenanes s'élevait, à la fin de mars 1921, à 3.936.950.542 marks-or, en raison des dépenses faites par les puissances occupantes, et recouvrables, par conséquent, sur l'Allemagne, plus 7.313.911.829 marks-papier, en raison des dépenses payées directement par les autorités allemandes.

liard à 1 milliard 200 millions de plus également (1).

Aux termes de la lettre du traité, ceux qui ont reçu moins que leur part auraient pu réclamer le paiement en espèces de la différence à ceux qui ont reçu plus. Cette question et la répartition du milliard payé par l'Allemagne entre les mois de mai et d'août 1921, firent l'objet de l'accord financier signé à Paris le 13 août 1921. Cet accord consistait principalement en concessions faites à la France, tant par la Belgique qui consentait un ajournement partiel de sa priorité sur les 2 milliards reçus de l'Allemagne pour les réparations, que par l'Angleterre qui acceptait que les livraisons de charbon de l'Allemagne fussent évaluées au-dessous du prix fixé par le traité (2). En raison des concessions ainsi faites sur les futurs paiements, le *premier* milliard reçu en espèces *après* le 1er mai 1921, fut partagé de la manière suivante : l'Angleterre reçut 450 millions de marks-or pour compléter le remboursement de ses dépenses d'occupation, et la Belgique 550 millions en raison de son droit de priorité. La presse française représenta cet accord comme imposant à la France de nouvelles charges ou comme la privant de certains droits acquis. Telle n'était pas la vérité. L'accord tendait à modérer la rigueur

(1) Je n'affirme pas l'exactitude de ces chiffres que j'ai calculés moi-même à l'aide d'informations incomplètes.

(2) D'un autre côté, l'Angleterre fit adopter ses vues sur l'évaluation du tonnage.

avec laquelle le traité et les arrangements de Spa auraient agi contre la France.

La valeur réelle des livraisons allemandes montre d'une façon frappante jusqu'à quel point le prix des marchandises remises est inférieur aux évaluations que l'on en fait. La Commission des réparations a déclaré que l'Allemagne serait créditée de 500 millions de marks-or, en raison de la cession de sa marine marchande. Ce chiffre est très faible, parce que beaucoup d'estimations furent faites après la baisse du prix du tonnage (1). Néanmoins, la marine marchande de l'Allemagne représentait une des parties les plus considérables de l'actif allemand. C'est à elle que l'on faisait allusion le plus souvent, lors de la Conférence de Paris, pour répondre à ceux qui contestaient que l'Allemagne pût effectuer des paiements importants.

Pour quel chiffre figure-t-elle dans l'état des paiements? Le total est de 138 milliards de marks-or, sur lesquels les intérêts calculés à 6 p. 100 représentent en un an 8 milliards 280 millions de marks-or. Cela revient à dire que, dans son intégrité, la flotte commerciale allemande dont la livraison donne lieu à tant d'orgueil et engloutit tant d'efforts, pourrait tout juste payer les obligations d'un mois.

(1) Il semble injuste d'évaluer ces navires au prix qu'ils atteignirent durant la baisse. Dans les *Consequences économiques de la Paix* (p. 143), j'estimais ces prestations à 120 millions de livres.

ANNEXE VI

LA RÉPARTITION DES RECETTES ENTRE LES ALLIÉS

Les Gouvernements alliés profitèrent de ce qu'ils étaient réunis à Spa en juillet 1920, pour régler une question qui restait en suspens, après avoir considérablement troublé la Conférence de la Paix (1), à savoir : les proportions selon lesquelles les versements au titre des réparations seraient répartis entre les différents alliés. Le traité dispose que les versements de l'Allemagne seront « répartis par les Gouvernements alliés et associés suivant les proportions déterminées à l'avance et fondées sur l'équité et les droits de chacune ». Comme l'indique M. Tardieu, on ne

(1) M. Tardieu, dans son livre sur le traité, a rendu compte de la discussion de ce problème à la Conférence de la Paix. A Spa, les Français obtinrent une proposition à peine plus favorable que celle qu'ils avaient réclamée, mais que M. Lloyd George avait refusée à Paris.

put se mettre d'accord à Paris et cette disposition resta inexécutée, mais, à Spa, on adopta le pourcentage suivant :

France.	52 p. 100
Royaume-Uni (1). . . .	22 p. 100
Italie	10 p. 100
Belgique.	8 p. 100
Japon et Portugal. . . .	0,75 p. 100

les 6,5 p. 100 restants étant réservés à l'État-des-Serbes-Croates-et-Slovènes, à la Grèce, la Roumanie, et aux autres puissances ne figurant pas à la Conférence de Spa (2).

Ce règlement contenait certaines concessions de la part de la Grande-Bretagne, dont la créance proportionnelle était considérablement accrue par les demandes de remboursement des pensions, et il est probable que le pourcentage réclamé par

(1) A la Conférence d'empire qui eut lieu en juillet 1921, cette part fut divisée de la manière suivante entre les diverses nations de l'Empire :

Royaume-Uni	88,85
Colonies secondaires	0,80
Canada.	30,35
Australie	4,35
Nouvelle Zélande	1,75
Afrique du Sud.	0,60
Newfoundland.	0,10
Indes	1.20

(2) L'accord de Spa disposait également que la moitié des versements de la Bulgarie et des parties constitutives de l'ancien empire d'Autriche-Hongrie serait partagée suivant les proportions ci-dessus, et que de l'autre moitié, 40 p. 100 seraient attribués à l'Italie et 60 p. 100 à la Grèce, à la Roumanie et à la Yougo-Slavie.

M. Lloyd George à Paris (les parts françaises et anglaises étant dans la proportion de 5 à 3) était plus près de la vérité. J'estime que des proportions accordant 45 p. 100 à la France, 33 p. 100 à l'Empire britannique, 10 p. 100 à l'Italie, 6 p. 100 à la Belgique et 6 p. 100 aux autres alliés seraient plus strictement d'accord avec les réclamations émises par chacun aux termes du traité. Mais, tout bien considéré, la répartition proposée à Spa a fait justice, somme toute, à tout le monde.

Par la même occasion, les Alliés confirmèrent à la Belgique sa priorité sur les deux premiers milliards de marks-or payés par l'Allemagne et l'on admit que l'on ferait face aux remboursements des prêts consentis à la Belgique durant la guerre par les autres alliés — et que l'Allemagne doit rembourser aux termes de l'article 232, — à l'aide des sommes les plus prochainement reçues (1). Ces emprunts, y compris les intérêts, s'élèveront à la fin de 1921 aux environs de 6 milliards de marks-or, dont 2 milliards 200 millions seront dus à l'Angleterre, 2 milliards à la France et 1 milliard 800 millions aux États-Unis.

Aux termes de l'accord de Spa, les sommes reçues de l'Allemagne en espèces et celles qui lui

(1) Article 232. — « L'Allemagne s'oblige... à effectuer le remboursement de toutes les sommes que la Belgique a empruntées aux Gouvernements alliés et associés, jusqu'au 11 novembre 1918, y compris l'intérêt de 5 p. 100 par an, desdites sommes ». La priorité accordée à ce remboursement à Spa est un peu différente de la procédure prévue par le traité, qui en exigeait le paiement avant le 1er mai 1926.

seront créditées, en raison de ses prestations en nature, devront être affectées au paiement de sa dette, dans l'ordre suivant, aux articles que voici :

1° Dépenses des armées d'occupation jusqu'au 1er mai 1921, environ 3 milliards de marks-or.

2° Avances faites à l'Allemagne lors de la Conférence de Spa, environ 260 millions de marks-or.

3° Priorité belge de 2 milliards de marks-or.

4° Remboursement des avances des Alliés à la Belgique, soit : 6 milliards de marks-or.

Tous ces chapitres s'élèvent en tout à environ 11 milliards 400 millions de marks-or, sur lesquels j'estime que 3 milliards reviennent à la France, 3 milliards 400 millions à l'Angleterre, 2 milliards 200 millions à la Belgique et 2 milliards 800 millions aux États-Unis.

Très peu de gens ont compris l'importance de la somme qui est due aux États-Unis aux termes de la lettre de cet accord. La France ayant déjà reçu près des 2/3 de sa part, la Belgique 1/3, l'Angleterre un peu moins du 1/3 et les États-Unis rien du tout, il s'ensuit que, même en formant les hypothèses les plus favorables relativement aux prochains paiements de l'Allemagne, la France n'a droit qu'à des sommes relativement faibles.

L'accord financier du 13 août 1921 tendait à amoindrir au profit de la France la rigueur de ces clauses de priorité. Le détail de cet accord n'a pas encore été publié, mais il paraît qu'il contient des dispositions quelque peu différentes des mesures prévues à Spa pour le remboursement des avances des Alliés à la Belgique. La manière dont le public français a accueilli cet accord montre clairement les effets de l'ignorance où le peuple est tenu. On n'a jamais compris en France le sens des arrangements de Spa. Il en est résulté que l'accord financier du 13 août qui améliorait considérablement la position de la France a été considéré comme une atteinte sérieuse à ses droits acquis.

M. Doumer n'a jamais eu le courage de dire la vérité au public, et cependant, s'il l'avait eu, on aurait vu qu'en signant provisoirement cet accord, il avait bien servi les intérêts de son pays.

Puisque nous avons parlé des États-Unis, notons que ce pays occupe une position étrange aux termes du traité de Paix. Bien qu'ils aient refusé de le ratifier, ils n'ont perdu aucun des droits qu'il accorde, en ce qui concerne soit le remboursement des dépenses de leurs armées d'occupation, soit le remboursement de ses avances à la Belgique pendant la guerre (1).

Il s'ensuit que les États-Unis ont strictement droit à une partie considérable des prochains versements en espèces de l'Allemagne. Cette créance

(1) L'article I du traité de Paix entre l'Allemagne et les Etats-Unis, signé le 25 août 1921, et ratifié depuis cette date, stipule expressément que l'Allemagne s'engage à accorder aux Etats-Unis, tous les droits, privilèges, indemnités, réparations et avantages stipulés dans les résolutions du congrès du 2 juillet 1921, « y compris tous les droits et avantages stipulés au bénéfice des Etats-Unis par le traité de Versailles, bien que ce traité n'ait pas été ratifié par les Etats-Unis. »

peut cependant comme nous l'avons dit plus haut (page 74) être compensée. Aux termes du traité, les biens des nationaux allemands dans les pays alliés servent tout d'abord à rembourser les dettes des ressortissants allemands vis-à-vis des ressortissants de la nation alliée en question, et le reliquat, s'il y en a un, est versé à la caisse des réparations. On ne sait pas encore ce qui se produira, concernant l'actif allemand aux États-Unis. L'excédent, dont la valeur peut être d'environ 300 millions de dollars sera maintenu sous séquestre, jusqu'à ce que le Congrès en ait décidé autrement. On a parlé à plusieurs reprises de consentir à l'Allemagne un emprunt garanti par ces capitaux, mais la situation créée par la loi empêche ces négociations d'avancer. En tout cas, ces richesses allemandes sont toujours soumises au contrôle de l'Amérique.

contraire à nos engagements, constitue une violation de la bonne foi internationale. Depuis lors, on a beaucoup écrit sur la question, mais je ne crois pas que mes conclusions sortent amoindries de la discussion. La plupart des écrivains américains les acceptent ; la plupart des écrivains français les ignorent et la plupart des écrivains anglais essayent de montrer, non pas que les preuves sont contre moi, mais qu'on peut faire en sens opposé certaines observations qui ne sont pas négligeables. Leurs prétentions sont celles des professeurs jésuites du probabilisme, au XVIIe siècle. Ils déclarent que les Alliés ont raison, à moins qu'il ne soit absolument certain qu'ils ont tort et que le moindre argument, si petit soit-il, qu'ils peuvent invoquer, suffit à leur épargner un péché mortel.

Mais, la plupart des gens, dans les pays qui firent la guerre à l'Allemagne, ne sont pas disposés à se livrer à une violente agitation, même si l'on accepte mon opinion. L'épigraphe de ce chapitre décrit une attitude très répandue. Les affaires internationales sont aux mains de quelques intrigants et les individualités privées s'en sentent rarement personnellement responsables. Que nos ennemis violent les lois, cela peut nous donner l'occasion d'exprimer nos sentiments. Mais il ne faut pas que cela nous fasse froidement croire que de pareilles choses ne se sont jamais produites et ne se reproduiront jamais. Des patriotes sensés et honorables n'aiment pas ce

CHAPITRE V

LE REMBOURSEMENT DES PENSIONS ET LE DROIT

« L'application de la morale à la politique internationale est bien plus un désir qu'une réalité. Ainsi, lorsque je participe à un crime dont des millions d'hommes sont coupables, je hausse plus ou moins les épaules. »

(Lettre d'un ami, à l'auteur des *Conséquences économiques de la Paix*.)

Nous avons vu dans le précédent chapitre que le remboursement des pensions et allocations représente une somme presque double de celle des réparations de dévastations. Aussi son inscription parmi les revendications des Alliés triple-t-elle la créance totale. C'est elle qui crée la différence entre des demandes exécutables et des réclamations irréalisables.

Dans les *Conséquences économiques de la Paix*, j'expliquais pourquoi, à mon avis, cette créance,

conditions de l'armistice (1). L'opinion contraire prétendait que les Alliés avaient le droit d'exiger le remboursement des pensions si cela leur convenait. Elle utilisait deux ordres d'arguments, soutenant en premier lieu que les termes de l'armistice du 11 novembre 1918 ne *dépendaient* pas de la notification faite par le Président Wilson le 5 novembre, mais au contraire qu'ils l'avaient *remplacée*, spécialement en ce qui concerne les réparations, et en second lieu que la rédaction de la note du Président des États-Unis n'excluait pas le remboursement des pensions.

M. Klotz et le gouvernement français adoptèrent le premier ordre d'argumentation auquel M. Tardieu vient de donner récemment encore son approbation. Cette thèse était repoussée à la Conférence de la Paix par la totalité de la délégation américaine. Elle ne fut jamais défendue à proprement parler par les représentants de l'Angleterre. Les auteurs, autres que les Français, qui ont écrit sur le traité, ne l'ont pas acceptée (2). Elle fut explicitement abandonnée par la Conférence de Paris elle-même dans sa réponse aux observations

(1) J'ai donné le texte exact des passages les plus importants dans les *Conséquences economiques de la Paix*.

(2) Voir *Histoire de la Conférence de la Paix* publiée sous les auspices de l'Institut de droit international : « C'est la notification du Président Wilson du 5 novembre 1918 qui doit être considérée comme faisant la loi dans toutes les discussions relatives à ce que le Traité de Paix autorise les Alliés à réclamer. Il est difficile de l'interpréter autrement que comme une restriction à leur désir de se faire rembourser leurs dépenses de guerre. »

genre de raisonnement, mais ils haussent « plus ou moins les épaules. »

Et ce geste n'est pas dépourvu de tout bon sens. La morale internationale, interprétée comme une règle légale absolue, pourrait causer au monde de graves préjudices. Il en est de ces négociations de grande envergure comme des affaires privées, que nous jugeons imparfaitement si nous ne prenons pas tout en considération.

Il est vain d'invoquer les principes dont se sert la Propagande quand elle suscite une émotion grégaire, en mêlant la passion, le sentiment, l'égoïsme et les principes moraux.

Mais, bien que je sache que rien d'extraordinaire ne s'est produit et que les motifs qui déterminent les hommes à agir sont toujours les mêmes, je considère cependant cet acte déterminé comme particulièrement bas, et rendu pire encore par des professions de foi hypocritement morales. Mon but, en revenant sur ce sujet, est d'intérêt historique et d'utilité pratique. De nouveaux documents sont venus nous éclairer sur la question, et si des raisons pratiques nous amènent à abandonner cette réclamation, le règlement final en sera d'autant facilité.

Ceux qui pensent qu'il est contraire aux engagements des Alliés de faire payer les pensions par l'ennemi, fondent leur opinion sur la note communiquée au gouvernement allemand par le Président Wilson, au nom des Alliés, le 5 novembre 1918, à la suite de laquelle l'Allemagne accepta les

Le premier point à remarquer, c'est que la réponse adressée par les Alliés au Président Wilson — elle fournit le texte de la notification adressée le 5 novembre à l'Allemagne — fut rédigée et approuvée dans la session même du Conseil Suprême qui prépara les clauses principales des conditions d'armistice. Il faut noter aussi que les Alliés ne donnèrent leur approbation définitive à cette réponse au Président des États-Unis qu'après avoir fixé les conditions d'armistice qui, selon la version française, remplaçaient et annulaient les termes de la lettre au Président Wilson.

Le compte-rendu de la session du Conseil Suprême ne montre point dans l'esprit des Alliés cette duplicité que leur attribue la thèse française. D'autre part, il prouve clairement qu'ils n'avaient point l'intention de revenir, par des allusions faites aux réparations dans le contrat d'armistice, sur leur lettre au Président.

Les faits qui concernent cette question peuvent être résumés ainsi : M. Clemenceau fit remarquer que le premier projet des conditions d'armistice ne parlait ni des biens volés, ni des réparations. M. Lloyd George répliqua qu'il fallait faire allusion aux restitutions, mais que les réparations faisaient bien mieux partie des conditions de paix que d'un traité d'armistice. M. Hymans fut d'accord

dans un débat qui n'est pas strictement d'ordre militaire. Nous allons maintenir le blocus jusqu'à la Paix, c'est-à-dire jusqu'à ce que nous ayons créé une nouvelle Autriche. Cela peut être long, cela condamne une nation à la famine et a pousse sans doute à l'anarchie. »

allemandes sur le premier projet de traité. Le second ordre d'arguments fut celui de la délégation britannique. Il finit par convertir le Président Wilson. Voyons les deux thèses tour à tour.

1° Plusieurs personnes ont divulgué des détails jusqu'alors confidentiels qui nous permettent de faire l'histoire des négociations d'armistice, qui commencent avec les conditions fixées par le Conseil de guerre interallié du 1er novembre 1918 (1).

(1) Les détails suivants sont tirés du livre de MERMEIX : *Les négociations secrètes et les quatre armistices, avec pièces justificatives*. Ce volume remarquable (Paris, Ollendorff, 1921) n'a pas reçu l'attention qu'il mérite. Il contient la transcription des procès-verbaux des réunions du Conseil Suprême, concernant l'armistice. Ces révélations sont authentiques et confirmées en partie par M. Tardieu. Certains passages sont extraordinairement intéressants, par exemple la discussion sur la question de savoir si les Alliés insisteraient pour la livraison de la flotte allemande au cas où l'Allemagne ferait des difficultés. Le maréchal Foch apparaît sous un jour très favorable, comme décidé à ne demander à l'ennemi rien qui ne soit nécessaire, et à ne pas faire couler inutilement une seule goutte de sang. Sir Douglas Haig avait la même attitude. Le maréchal Foch répondit dans les termes suivants au colonel House : « Si l'Allemagne accepte les conditions que nous lui imposons, c'est une capitulation. Cette capitulation nous donne tout ce que nous tirerions d'une grande victoire. Dans ces conditions, je ne crois pas pouvoir risquer la vie d'un seul homme de plus. » De nouveau, le 31 octobre, il ajoutait : « Si nos conditions sont acceptées nous ne pouvons rien désirer de plus. Nous n'avons fait la guerre que pour atteindre ce but. Nous n'avons pas à la prolonger inutilement. » M. Balfour ayant demandé qu'en évacuant l'Est, les Allemands laissassent un tiers de leurs armes derrière eux, Foch observa : « Toutes ces clauses rendent notre document trop chimérique. La plupart de ces conditions sont inexécutables. Soyons économes de ces injonctions irréalisables. » Il se montra également humain vis-à-vis de l'Autriche. Il redoutait le maintien du blocus que proposaient des politiciens. « J'interviens, dit-il,

Il ne semble pas qu'aucun de ceux qui assistaient à la réunion ait pensé que l'on pût jamais attribuer une grande importance à ce texte et le considérer autrement que comme protégeant les Alliés du risque de paraître avoir abandonné une revendication existante en omettant de la mentionner dans ce document. On accepta l'adjonction sans débat. M. Klotz se vanta, par la suite, d'avoir, par ce petit artifice, aboli les quatorze points, — bien que dans la même séance les Alliés eussent fait savoir au Président Wilson qu'ils les acceptaient, — en ce qui touchait les finances et les réparations, et assuré aux Alliés le droit de se faire rembourser par l'Allemagne toutes leurs dépenses de guerre. Je pense, quant à moi, que le monde estimera que le Conseil Suprême avait raison de n'attribuer à ces mots aucune signification particulière. Un orgueil personnel mesquin a amené M. Tardieu et M. Klotz à conserver trop longtemps des prétentions que la plupart des hommes d'État ont abandonnées comme il convient.

On a récemment divulgué un épisode qu'il faut raconter, pour montrer les trappes sur lesquelles le monde trébuche. Au moment où M. Klotz proposa son addition, on levait la séance, et il est probable que l'on n'attacha pas à sa proposition une attention extraordinaire. L'infortune peut s'attacher aux traces d'un homme d'État et l'un des secrétaires fit une erreur d'écriture. Au lieu du mot de *revendication* il écrivit celui de

avec M. Lloyd George. MM. Sonnino et Orlando, allant plus loin, déclarèrent que ni l'une, ni l'autre de ces questions n'avait de place dans les conditions d'armistice, mais qu'ils étaient prêts à accepter le compromis Lloyd George-Hymans.

La discussion fut ajournée pour permettre à M. Hymans de trouver un compromis. Le lendemain, ce fut M. Clémenceau qui donna une formule consistant dans les trois mots de *réparations des dommages*. MM. Hymans, Sonnino et Bonar Law exprimèrent des doutes sur l'opportunité de faire figurer ces termes dans des conditions d'armistice. M. Clemenceau indiqua qu'il voulait seulement mentionner un principe auquel le public français serait étonné de ne voir faire aucune allusion. M. Bonar Law répondit : « Nous avons déjà parlé de cela dans notre lettre au Président Wilson qui doit être communiquée à l'Allemagne. Pourquoi nous répéter »(1) ? Cette observation ne fut pas contredite, mais on accepta, pour satisfaire l'opinion publique, d'ajouter les trois mots de M. Clemenceau. Le Conseil passa alors à d'autres sujets. A la fin de la séance, M. Klotz insinua : « Peut-être serait-il prudent de mettre en tête des questions financières, une clause réservant les revendications futures des Alliés. Je propose le texte suivant : « sous réserve de toutes revendications et réclamations ultérieures de la part des Alliés. »

(1) Cette très importante remarque est également citée par M. Tardieu. Elle est donc authentique, sans nul doute possible.

problème. Il nous est donc plus facile d'estimer la valeur de la thèse des Alliés.

Les déclarations présidentielles qui devaient servir de base à la Paix décidaient qu'il n'y aurait « pas de contributions de guerre, pas d'amendes », mais que les territoires envahis de la Belgique, de la France, de la Roumanie, de la Serbie et du Monténégro devraient être restaurés. Cela n'impliquait pas la réparation des dommages causés par les sous-marins ou les raids d'avions. Par suite, les gouvernements alliés, lorsqu'ils acceptèrent les formules wilsoniennes, firent une réserve sous la forme suivante : « Par ce mot, c'est-à-dire par restauration, ils entendent que réparation est due par l'Allemagne pour tous dommages causés à la population civile des puissances alliées et à leur propriété, par l'agression de l'Allemagne sur terre, sur mer et dans les airs. »

Le sens de ces mots, qui, il faut s'en souvenir, interprètent la phrase relative à la « restauration des territoires envahis », tend à assimiler les attaques par voie de mer ou par les raids aériens, à l'agression militaire par terre. C'est en tout cas une extension légitime de cette formule. Les Alliés craignaient avec raison que la « restaurations des territoires envahis » fût limitée aux dommages causés sur terre.

Cette interprétation de la réserve faite par les Alliés ne pouvait pas comprendre le remboursement des pensions et des allocations. Elle fut adoptée par la délégation américaine. Les repré-

renonciation dans le texte soumis à la signature des Allemands (soit : sous réserve de toute renonciation et réclamation ultérieure, au lieu de : sous réserve de toutes revendications et réclamations ultérieures). Ce mot ne convenait pas. M. Klotz souffrit cependant moins de cette erreur qu'on ne pourrait penser. En effet, personne à la Conférence de la Paix ne remarqua que le texte français de la convention d'armistice, dont se servit M. Klotz devant le Comité des réparations, était conforme aux termes proposés par le ministre des Finances et différent de la rédaction signée par les Allemands (1).

2° L'autre ordre d'argumentation suscite des controverses plus subtiles et ne constitue pas seulement un jeu de prestidigitation. S'il est vrai que nos droits résultent de la note adressée à l'Allemagne au nom des Alliés par le Président Wilson le 5 novembre 1918, la question dépend de l'interprétation de ce texte.

M. Baruch et M. Tardieu ont publié la plupart des rapports (y compris des documents très confidentiels), se rapportant à la discussion de ce

(1) Je cite cet épisode comme une curiosité historique. L'argumentation ne varie pas selon qu'on dit : « revendications et réclamations », ou « renonciation et réclamation », car je ne vois là qu'une clause de garantie. Mais la situation de M. Klotz est encore affaiblie, si tant est qu'elle puisse l'être, si c'est la dernière phrase qui est authentique. L'éditeur de l'*Histoire de la Conférence de Paris*, de l'Institute of international affairs, qui découvrit et publia le premier cette divergence de texte, estime que selon qu'on emploie l'une ou l'autre rédaction, l'argumentation de M. Klotz a plus ou moins de valeur.

émit des revendications, du fait que la conclusion de l'armistice fut si inattendue qu'elle lui causa certaines pertes financières ». Les délégués anglais au comité des réparations de la Conférence de la Paix, M. Hughes, Lord Sumner et Lord Cunliffe, employèrent divers arguments pour défendre la thèse du remboursement intégral des dépenses de guerre, et non seulement de la réparation des dommages. Ils prétendaient : 1° Que l'un des principes énoncés par le Président Wilson, était que chaque article du traité fût équitable, et qu'il était conforme aux principes généraux de la justice, de faire retomber sur l'Allemagne, toutes les dépenses de guerre. 2° Ils déclaraient également que les pertes de guerre de l'Angleterre étaient le résultat de la violation du traité de neutralité de la Belgique, et que, par conséquent, le Royaume Uni (cela d'après leur argumentation n'impliquait pas nécessairement les Alliés) avait droit, aux termes des principes généraux du droit international, à être totalement indemnisé. A mon avis, le discours prononcé au nom des délégués américains, par M. John Foster Dulles, triompha de toutes ces arguties; il disait : « Si nos sentiments veulent que le principe des réparations soit rigoureux pour nos intérêts, qu'il soit très compréhensif, pourquoi n'avons-nous demandé la réparation que de certains dommages? — Parce que, messieurs, nous ne nous considérons pas libres. — Nous ne sommes pas ici pour établir de nouvelles propositions relativement aux paiements que l'en-

sentants des États-Unis déclaraient en effet l'Allemagne responsable des « dommages matériels causés à la propriété civile et à la personne des civils ». La seule créance supplémentaire qu'ils pensassent avoir résultait d'une autre partie des déclarations présidentielles, relative aux violations du droit international, telles que la violation de la neutralité belge et le traitement illégal infligé aux prisonniers de guerre.

Je ne crois pas que l'on aurait jamais mis en doute le sens de cette phrase si le premier ministre anglais n'avait pas triomphé aux élections générales en promettant de demander à l'Allemagne bien plus que ne permettait cette interprétation (1), et si le gouvernement français n'avait pas fait naître d'irréalisables espérances. Ces promesses furent faites étourdîment. Mais il n'était pas facile pour leurs auteurs d'avouer si peu de temps après les avoir répandues qu'elles étaient contraires à nos engagements.

On commença à discuter non pas avec les Américains, mais, au contraire, avec les délégations qui prétendaient que nous ne nous étions engagés à rien qui nous empêchât de demander à l'Allemagne le remboursement de toutes les pertes directes ou indirectes causées par la guerre : « Un des alliés, dit M. Baruch, alla plus loin et

(1) M. Baruch écrit (op. cit. p. 4) : « Lors des élections faites *après l'armistice*, le peuple anglais, à une écrasante majorité rendit le pouvoir au premier ministre *sur sa promesse de renforcer la vigueur des conditions de paix* et surtout des clauses relatives aux réparations. »

« Nous vous accorderons la Paix, si entre autres choses, vous accomplissez tels et tels actes de réparation qui vous coûteront par exemple 10 millions de dollars ». Ne nous sommes-nous pas privés maintenant du droit de lui dire : « Vous n'aurez la paix que si vous accomplissez d'autres actes de réparation, qui porteront vos obligations à un total infiniment supérieur à celui qui avait été spécifié tout d'abord? » — Non, sans aucun doute, car en admettant même que nos nouvelles réclamations soient justes, il est trop tard pour les formuler. A tort ou à raison, nous avons déposé toutes nos conclusions, il ne nous reste plus qu'à les appliquer le mieux possible. »

J'ai honte à me rappeler que les délégués britanniques n'abandonnèrent jamais leurs revendications. Ils les maintenaient encore en mars 1919, lorsque la question fut soumise au Conseil suprême. Les délégués américains adressèrent un câble au Président Wilson, alors en mer, pour lui demander conseil. Celui-ci répondit à ses représentants d'abandonner, publiquement s'il le fallait, des négociations qui « étaient nettement opposées à ce que nous avions permis à l'ennemi d'espérer, et que nous ne pouvions modifier sous le seul prétexte que nous en avions le moyen. »

Ensuite, la discussion entra dans une nouvelle phase. Les premiers ministres de France et d'Angleterre abandonnèrent les prétentions de leurs représentants, admirent la force obligatoire des mots contenus dans leur note du 5 novembre

nemi devrait faire en toute justice, nous n'avons pas devant nous une page blanche sur laquelle nous pouvons écrire ce que nous voulons. Sans doute, avons-nous devant nous un feuillet, mais il est déjà couvert d'écritures. Il est signé des noms de M. Wilson, de M. Orlando, de M. Clemenceau et de M. Lloyd George. Vous savez bien, j'en suis sûr, à quel texte je fais allusion : c'est au document qui sert de base aux conditions de Paix avec l'Allemagne ». M. Dulles, après avoir résumé le passage le plus important, continuait ainsi : « Est-il possible de se demander si cet accord ne constitue pas une limitation? Il est parfaitement certain que, lors des négociations d'octobre et de novembre 1918, les réparations qui étaient spécifiées dans ce texte, seraient celles auxquelles les gouvernements associés auraient droit dans le traité de paix. Le but de l'Allemagne était de connaître le maximum de ce qui lui serait réclamé dans les conditions de paix. Les Alliés, en donnant à cette époque des précisions, en élargissant les propositions originales relatives aux réparations, savaient, il est facile de le comprendre, qu'une fois qu'un accord serait conclu, ils ne seraient plus libres de fixer à nouveau les obligations du Reich. Nous avons convenu que nous accorderions la paix à l'Allemagne, si elle accomplissait certains actes déterminés. Pouvons-nous maintenant lui dire qu'avant d'obtenir la paix, elle doit se soumettre à certaines conditions? — Nous lui avons déclaré :

très désireux d'être converti (il avait avec ses collègues d'autres discussions qui l'intéressaient plus que celle-ci), on ne parvint pas à le convaincre.

Le représentant des Etats-Unis nous rapporte que l'argument final qui emporta le dernier scrupule du Président, se trouvait dans un mémorandum déposé par le Général Smuts le 31 mars 1919 (1). En un mot, le Général Smuts déclarait que tout soldat devient civil après sa libération, et que par conséquent une blessure dont les effets subsistent après qu'il a quitté l'armée, constitue un dommage causé à un civil. Telle est la raison par laquelle les « dommages causés aux populations civiles » finissent par comprendre les dommages causés aux militaires. Tel est l'argument qui servit de base à toute notre thèse ! Ce détail convainquit la conscience du Président, et toute l'affaire fut réglée.

Elle avait été résolue par les Quatre dans l'intimité. Voici selon M. Lamont, l'un des représentants des États-Unis, le récit des discussions

(1) Ce mémorandum qui a été publié in extenso par M Baruch, appartient à la catégorie des documents les plus secrets. Il a été livré à l'opinion publique, sans être accompagné du récit des circonstances qui, sans justifier son argumentation, auraient pu jeter quelque lumière sur les motifs qui ont poussé les individualités à agir. Je suis d'accord avec le commentaire fait par *l'Economiste* (22 octobre 1921) qui a reproduit ce mémorandum en ajoutant : « On portera un sérieux préjudice à la réputation de Général Smuts, si on continue à reproduire et à faire circuler ce texte, sans expliquer dans quelles circonstances il fut préparé ». Néanmoins, il est bon que le monde possède ce document qui est à sa place, dans un récit qui s'occupe davantage du monde que des motifs et de la réputation de ceux qui l'ont écrit.

1918, et cherchèrent à tirer de ces termes mêmes quelque signification capable de servir de compromis et de donner satisfaction à leurs électeurs. Que représentaient « les dommages causés à la population civile ». Cette phrase ne pouvait-elle pas s'étendre aux pensions militaires et aux allocations qui avaient été attribuées aux familles des soldats? S'il en était ainsi, la créance des Alliés sur l'Allemagne pourrait être amenée à un total assez élevé pour satisfaire presque tout le monde. On remarqua cependant, comme l'indique M. Baruch : « que la perte financière résultant de la mobilisation du chef de famille ne cause pas davantage un dommage à la population civile que le paiement des impôts destinés à pourvoir aux fournitures militaires et aux dépenses de guerre ». En fait les allocations ou les pensions n'étaient qu'une des obligations imposées par la guerre à la Trésorerie. Si ces charges devaient être considérées comme dommages civils, c'était revenir à la demande de remboursement de toutes les dépenses de guerre, puisque ces dépenses retombent finalement sur le contribuable qui est en général un civil.

Le sophisme devient évident lorsqu'on pousse cette thèse jusqu'à ces conclusions logiques. Il n'était pas facile non plus de comprendre comment les pensions et les allocations pouvaient faire partie d'une phrase qui était elle-même l'interprétation des mots : « Restauration des régions dévastées ». Bien que le Président Wilson fût

finales : « Je me souviens très bien du jour où le Président Wilson se décida à admettre que le remboursement des pensions fût inscrit aux réparations. Quelques-uns d'entre nous, convoqués par lui pour discuter la question particulière du remboursement des pensions, se trouvaient dans sa bibliothèque, place des États-Unis. Nous lui expliquâmes que nous ne pourrions pas trouver un seul juriste, dans toute la délégation américaine, capable d'exprimer une opinion favorable à cette thèse, contraire à toute logique ; « la logique ! la logique ! s'écria le Président, que m'importe la logique ! Je ferai rembourser les pensions (1) ».

Peut-être ces choses se sont-elles déroulées trop près de moi ; peut-être ai-je été trop ému par les événements, mais je ne parviens pas à me contenter de « hausser les épaules ». En tout cas, je viens d'exposer, pour l'instruction des Anglais et de nos alliés, les bases morales sur lesquelles reposent les 2/3 de notre créance sur l'Allemagne.

(1) M. Lamont ajoute qu'il n'y avait pas là « un mépris de la logique, mais simplement le désir de faire table rase des mots, et d'en arriver à l'essence même de la question, et qu'il n'y avait pas un délégué qui ne ressentit de pareils sentiments ». Ces paroles ne reflètent pas seulement la haine des opportunistes modernes pour la légalité, et leur admiration pour le fait accompli. Ils font revivre aussi l'atmosphère épuisante de la Conférence et le désir de chacun d'en finir d'une manière ou d'une autre avec cette discussion qui pendant des mois avait affecté et l'esprit et la conscience de la plupart de ceux qui y avaient pris part. En tout cas, la délégation américaine avait vraiment défendu la loi et le Président fut seul à céder aux exigences de la politique.

magne à nous « inonder de marchandises ». L'argumentation est assez complexe et nous faisons appel à la patience du lecteur.

1° Que la nation débitrice paye en livrant des marchandises aux créanciers ou en vendant ses produits n'importe où pour effectuer des paiements en argent, cela n'a pas énormément d'importance. Dans les deux cas, les marchandises viennent sur le marché mondial où elles sont vendues.

La nature des marchandises influe bien plus sur le commerce de la nation créancière, que l'emplacement des marchés où elles sont livrées.

2° Il n'est pas très utile de *spécifier* que ce sont des marchandises non susceptibles de créer une concurrence, qui serviront au paiement d'une dette, tant que le débiteur vend des marchandises concurrentes dans quelque autre but, par exemple pour payer ses propres importations. Si l'Allemagne étendait considérablement la masse de ses exportations, il serait possible de choisir, dans le nombre, un certain nombre d'articles ne risquant pas d'engendrer la concurrence. Mais on ne changerait pas le moins du monde la situation, en prétendant que ce sont ces objets-là et non pas d'autres qui servent à payer la dette. Il est donc inutile de spécifier que l'Allemagne paiera en livrant certaines marchandises, si ce sont là des marchandises qu'elle doit exporter en tous cas. Il ne servira pas davantage de lui interdire de livrer certains objets, si cela signifie simplement qu'elle devra vendre ces mêmes objets sur quelque autre marché pour payer ses importations. Aucun des procédés que nous pouvons employer pour faire payer l'Allemagne — ou que l'Amérique peut utiliser pour nous faire payer — en livrant des marchandises déterminées, n'est capable de *modifier* la situation, s'ils n'apportent pas des changements aux exportations globales de la nation débitrice.

3° D'autre part, la livraison gratuite de certains articles ne peut pas nous nuire si, dans tous les cas, ces articles doivent être vendus sur le marché mondial.

4° Si l'insistance du créancier amène la nation débitrice à offrir des marchandises au-dessous de leur prix, certaines industries de la nation créditrice en souffriront, même s'il doit en résulter un avantage général pour la nation créditrice prise dans son ensemble.

5° Si les paiements faits par la nation débitrice profitent non pas à l'État aux industries duquel ils font concurrence, mais à une tierce puissance, aucun avantage ne viendra contrebalancer le préjudice indiqué dans le paragraphe 4.

6° On ne peut résoudre la question de savoir si les avantages dont profite la nation créditrice dans son ensemble, compensent le préjudice causé à certaines industries qui souffrent de la concurrence, que si l'on connaît la durée de la période pendant laquelle la nation créditrice peut raisonnablement espérer recevoir des paiements. Tout d'abord, les dommages causés aux entreprises nationales et à ceux qu'elles emploient, contrebalancent le bénéfice des versements. Mais comme, à la longue, les capitaux et la main-d'œuvre trouvent d'autres directions où s'employer, les avantages peuvent s'accroître.

Il est facile d'appliquer ces principes généraux au cas particulier de nos propres rapports avec l'Allemagne. L'Allemagne nous fait si nettement concurrence par ses exportations, que, si leur masse s'élève considérablement, il est certain que c'est à notre détriment qu'elle les vendra. Cette vérité n'est pas amoindrie par le fait qu'il est possible de choisir quelques objets d'exportation tels que la potasse ou le sucre qui ne nous font point concurrence. Si l'Allemagne veut avoir un excédent *considérable* de ses exportations sur ses importations, il lui faudra vendre davantage de marchandises qui nous font concurrence. Dans *Les conséquences économiques de la Paix* (pages 154-164) j'ai démontré assez longuement l'exactitude de ces informations, à l'aide de statistiques d'avant-guerre. Je montrais que l'Allemagne était notre concurrente, non seulement en raison des marchandises qu'elle vend, mais encore, par suite des marchés sur lesquels elle les vend. Les statistiques d'après-guerre ne font que confirmer ces arguments. Le tableau suivant montre selon quelle proportion les exportations allemandes se répartissaient entre les différentes marchandises, en 1913, pendant les 9 premiers mois de 1920, et au cours des 4 mois de juin à septembre 1921, ces derniers chiffres ne pouvant être que provisoires.

EXPORTATIONS ALLEMANDES	Pourcentage sur les exportations totales.		
	1913.	1920. Janvier-septembre.	1921. Juin-septembre.
Fers usinés	13,2	20	22
Machines et pièces détachées, y compris automobiles	7,5	12	17
Charbons. cokes, briquettes	7	6,5	»
Papiers, etc.	2,5	4	3,5
Objets se rapportant à l'électricité	2	3,5	»
Soieries	2	3	15
Cotonnades	5,5	3	
Lainages	6	»	
Verres	0,5	2,5	2
Cuirs	3	2	4
Cuivres usinés	1,5	1,5	»

Il est donc clair, que, bien que les matières premières autres que le charbon, et telles que la potasse, le sucre et le bois puissent donner quelque chose, l'Allemagne ne peut étendre considérablement son commerce d'exportation qu'en vendant à l'étranger des verres et des aciers, des produits chimiques et tinctoriaux, des matières textiles et du charbon, car ce sont là les seuls articles qu'elle peut produire en grande quantité. Il apparaît aussi comme évident, que l'importance proportionnelle des diverses exportations n'a pas sensiblement varié depuis la guerre.

La situation des changes monétaires a simplement stimulé plus particulièrement l'exportation d'objets, — fers usinés, machines, produits chimiques, matières tinctoriales, verrerie, — qui ne nécessitent pas l'importation de matériaux considérables.

Demander à l'Allemagne une importante indemnité, c'est l'obliger à étendre quelques-unes ou l'ensemble de ses exportations au delà des limites qu'elles atteindraient normalement. Un tel résultat ne serait possible que si l'Allemagne offrait ses marchandises à un prix inférieur au tarif des autres nations. Elle y pourrait parvenir sans doute, — et c'est dire les deux moyens qu'elle possède pour cela, — si les classes laborieuses réduisaient leurs conditions d'existence, sans diminuer corrélativement leur production, ou bien, si son industrie *d'exportation* était directement ou indirectement subventionnée par le reste de la nation.

L'opinion populaire, après avoir négligé ces faits, se les exagère probablement à l'heure actuelle. En effet, le principe n°3 que nous avons énoncé plus haut mérite d'être examiné. Nos entreprises supporteront de la part de l'Allemagne la même concurrence qu'avant la guerre, que nous exigions ou non des réparations. Il ne faut pas attribuer à la politique des réparations des maux qui se produiraient dans tous les cas. Le remède à ce mal ne se trouve pas dans la panacée populaire qui veut que l'on précise *les formes* selon lesquelles l'Allemagne se libérera, mais dans la réduction à un chiffre raisonnable du *montant total* de sa dette.

En effet, en indiquant la manière selon laquelle l'Allemagne *nous* paiera, nous ne pouvons pas contrôler l'ensemble de son commerce d'exportation. En consacrant aux réparations la totalité de certains articles d'exportation, nous l'obligeons à étendre toutes ses autres exportations pour satisfaire au paiement de ses importations et de ses diverses autres obligations internationales. D'autre part nous pouvons obtenir de l'Allemagne des paiements modérés sans stimuler l'ensemble de ses exportations ni donner à son commerce extérieur une activité qu'il n'aurait pas autrement. D'un point de vue égoïste, c'est là la meilleure politique pour la Grande-Bretagne.

L'application pratique des principes n°s 5 et 6 est également très claire. En ce qui concerne le principe 5, l'Angleterre ne doit recevoir que 1/5 environ de l'indemnité tandis que l'article 6 fournit une argumentation qui m'a toujours paru décisive.

La répartition des paiements sur une longue période, le moins qu'on en puisse dire, c'est qu'elle n'est nullement assurée. Qui donc croit que les Alliés exerceront sur l'Allemagne une pression suffisante, qui donc croit que le gouvernement allemand aura sur son peuple assez d'autorité pour tirer d'un travail asservi un éternel tribut? Il est impossible que nous poussions cette politique jusque dans ses dernières conséquences. Mais, s'il en est ainsi, faut-il désorganiser pour deux ou trois ans notre commerce et notre industrie d'exportation ; faut-il à plus forte raison menacer la paix européenne ?

Les mêmes principes s'appliquent, à une exception près, aux États-Unis et au remboursement des dettes des Alliés. Les entreprises américaines ne souffriraient pas tant de la concurrence que pourraient créer les ventes à bon marché réalisées par les Alliés, pour faire face à leurs obligations, que de l'impossibilité où se trouveraient les États européens d'absorber la proportion habituelle des exportations des États-Unis. Les Alliés se procureraient de l'argent pour payer l'Amérique, non pas tant en vendant davantage, qu'en achetant moins.

Le fermier des États-Unis souffrirait davantage que l'industriel. Il est en effet possible de diminuer des importations par un tarif prohibitif, mais il n'est pas si facile de stimuler des exportations décroissantes. Cependant, tandis que *Wall Street* et la région industrielle de l'est sont prêtes à accepter un remaniement des dettes, il paraît que l'ouest et le sud s'opposent à cette politique.

Pendant deux ans l'Allemagne n'eut à effectuer aucun paiement en argent comptant, aux mains des Alliés. Au cours de cette période, les industriels de Grande-Bretagne ne parvinrent pas à voir les conséquences qu'auraient les premiers versements. Les Alliés n'ont encore eu à effectuer aucun paiement, argent comptant, aux mains des États-Unis et les fermiers américains comprennent aussi peu que les fabricants anglais le préjudice que leur causerait toute tentative sérieuse de remboursement de la part des Alliés. Je conseille aux Sénateurs et aux Députés des régions agricoles des États-Unis, s'ils ne veulent pas avoir à encourir bientôt les mêmes reproches d'insuffisance morale et intellectuelle que ceux qui font des réclamations exagérées, de modérer immédiatement l'opposition qu'ils exercent contre les efforts accomplis par l'administration de M. Harding pour avoir les mains libres afin d'agir sagement, et même généreusement sur cette question, conformément au progrès des idées et à la marche des événements.

L'argument décisif, pour les États-Unis comme pour la Grande-Bretagne, n'est pas tant le préjudice (qui diminuerait avec le temps) causé aux intérêts particuliers, que l'invraisemblance du remboursement intégral des dettes, même si, pendant quelque temps, un effort était fait dans ce sens. J'insiste sur ce point, non seulement parce que je ne crois pas que les nations européennes soient capables de payer, mais aussi parce que le problème auquel dans tous les cas les États-Unis auront à faire face, pour établir l'équilibre de leurs comptes avec l'ancien monde, est extrêmement difficile.

Les économistes américains ont soigneusement étudié les statistiques qui correspondent aux modifications de la situation depuis la guerre.

D'après leurs évaluations, ses placements à l'étranger rapportaient à l'Amérique des intérêts plus considérables qu'elle n'en doit, indépendamment des intérêts des dettes interalliées ; de même sa marine marchande est créancière de l'étranger. L'excédent annuel des exportations de marchandises américaines sur les importations est voisin de 3 milliards de dollars (1) tandis que, — dans l'autre plateau de la balance, — les paiements que les États-Unis effectuent en Europe, — dépenses des touristes et traites, — sont inférieures à 1 milliard de dollars par an. Pour équilibrer ce compte, les États-Unis doivent donc fournir au reste du monde, d'une manière ou d'une autre, une somme annuelle d'environ 2 milliards de dollars qui serait majorée de 600 millions de dollars si les intérêts et le fonds d'amortissement de la dette des États européens étaient payés.

Il en résulte donc que les États-Unis doivent actuellement livrer au reste du monde, et principalement à l'Europe, une somme approximative annuelle de 2 milliards de dollars. Heureusement pour l'Europe, l'achat de monnaie de papier dépréciée en représente une assez forte proportion. De 1919 à 1921 les pertes des spéculateurs américains ont alimenté l'Europe ; mais il serait

(1) Au cours de l'année de prospérité qui prit fin en juin 1920, sur un commerce total de $ 13.350.000.000, l'excédent des exportations sur les importations était de $ 2.870.000 000. Au cours de l'année de crise qui prit fin en juin 1921, sur un commerce total de $ 10.150 millions, l'excédent des exportations fut de $ 2.860 millions.

imprudent dorénavant de compter sur cette source de revenus. Pour un temps, la politique d'emprunt aplanit la situation ; mais elle risque de l'aggraver, au fur et à mesure que s'élèvent les arrérages.

Les puissances commerciales ont toujours consacré des fonds importants au commerce d'outremer. Mais la pratique des placements à l'étranger, telle que nous la connaissons, constitue une combinaison toute nouvelle, très instable, et ne convenant que dans certaines circonstances. Par cette méthode, une vieille nation peut assurer à un nouvel État un développement qu'il ne pourrait pas atteindre par ses propres moyens. Cet arrangement risque de profiter aux deux pays, et le prêteur peut espérer être payé par d'importants bénéfices. Mais la situation ne peut pas se renverser. Si des « bons européens » sont émis aux États-Unis sur le modèle des « bons américains » qui circulaient en Europe au XIXe siècle, il n'y aura pas d'analogie véritable. L'intérêt sera payé à l'aide de nouveaux emprunts, tant que les emprunts seront possibles, et l'édifice financier continuera à s'élever jusqu'à ce que l'on se rende compte qu'il ne repose sur rien. Les capitalistes américains ont refusé d'acheter les bons émis par l'Europe : ils n'ont fait qu'agir avec bon sens. A la fin de 1919, je préconisais dans *les conséquences économiques de la Paix* un emprunt de la reconstruction, émis en Amérique sous la condition que l'Europe le consacrerait à se réorganiser. Au cours des deux dernières années, quoiqu'on en dise en Europe, les États-Unis nous ont consenti des prêts *très considérables,* plus considérables que la somme que j'envisageais. Aucune condition spéciale ne fut attachée à ces emprunts, dont le montant fut en grande partie gaspillé. Ils furent cependant utiles à l'Europe, aux jours critiques qui suivirent l'armistice. Mais la poursuite de cette politique ne peut pas fournir de solution à la situation créée par le déséquilibre des comptes de l'Europe et de l'Amérique. Une solution pourrait se trouver si les États-Unis jouaient le rôle — tenu jusqu'ici par l'Angleterre, la France, et à un moindre degré, l'Allemagne, — de banquiers des nations nouvellement constituées, telles que les colonies britanniques et l'Amérique du sud. La Russie d'Europe et d'Asie peut être également considérée comme une terre vierge susceptible de fournir aux capitaux étrangers des débouchés intéressants. Les capitalistes américains feraient mieux de prêter à ces pays, comme le faisaient les Anglais et les Français, que de continuer à prêter directement aux vieilles nations de l'Europe. Il est peu probable cependant, que cela suffise à combler le fossé. Il faut, en fin de compte, que l'équilibre des exportations et des importations se rétablisse. Les États-Unis doivent acheter davantage et vendre moins. C'est là leur meilleur moyen de manifester leur générosité vis-à-vis de l'Europe. De deux choses l'une : ou bien, — si *le fede-*

ral reserve board laisse l'afflux d'or produire ses effets naturels, — les prix monteront plus vite en Amérique qu'en Europe, où bien les changes européens se déprécieront au point que l'Europe, incapable d'acheter, réduira ses importations aux seuls articles strictement nécessaires, ce qui reviendra au même. Tout d'abord, l'exportateur américain, hors d'état d'arrêter tout d'un coup la production, fera face à la situation en abaissant ses prix ; mais quand, au bout de deux ans, par exemple, ils seront inférieurs à son prix de revient, il sera bien obligé de restreindre ou d'abandonner ses affaires.

Les Etats-Unis auraient tort de croire au rétablissement de l'équilibre avec des exportations maintenues au moins sur leur base actuelle, et des importations réduites par un tarif douanier. De même que les Alliés exigent de l'Allemagne d'importants versements, mais appliquent tout leur génie à l'empêcher de les effectuer, de même, l'administration américaine trace d'une main des plans de subvention à l'exportation et établit, de l'autre, des tarifs qui rendront impossible le remboursement de ces primes. Les grandes puissances font souvent preuve d'une aberration que nous ne pardonnerions pas à un particulier.

Tout l'or du monde peut embarquer vers les États-Unis, et là, un immense Veau d'Or se dresser jusqu'au ciel. Mais un jour peut aussi venir où l'Amérique refusera l'or, tout en voulant être payée, — semblable à un nouveau Midas — réclamant des mets plus substantiels que le métal brillant mais inutile qu'il s'était fait promettre.

Dans tous les cas, la situation ne se rétablira pas sans difficultés, ni sans léser d'importants intérêts. Si lês États-Unis la compliquent encore, en réclamant le remboursement des dettes interalliées, elle deviendra insupportable. Si l'Amérique poussait jusqu'au bout sa politique, si elle cessait d'exporter, et consacrait à de nouveaux usages les capitaux qu'elle emploie à son commerce extérieur, si ses anciens associés d'Europe décidaient de faire honneur, quoiqu'il leur en coûte, à leurs obligations, je ne nie point que tout cela finirait par tourner à l'avantage de l'Amérique. Mais de telles hypothèses sont absolument chimériques. Il est certain que l'Amérique ne poussera pas jusqu'au bout sa politique. Elle l'abandonnera, aussitôt qu'elle en aura reconnu les premiers résultats; — d'ailleurs, les alliés ne voudraient pas payer. La situation est parallèle exactement à celle des réparations. Les États-Unis n'obtiendront pas plus le remboursement des dettes interalliées, que les alliés l'exécution de leurs demandes de réparations. Ni l'une ni l'autre de ces politiques n'est véritablement sérieuse. Presque toutes les personnes bien informées en font l'aveu dans les conversations particulières. Mais nous vivons à une curieuse époque : les informations de presse sont faites exprès pour coïncider avec l'opinion générale la plus erronée, parce que c'est celle-là qui est la plus répandue. Et il y a ainsi pendant d'assez longues périodes des contradictions, scandaleuses ou risibles, entre ce que les hommes disent et ce qu'ils écrivent.

S'il en est ainsi, l'Amérique aurait tort d'envenimer ses relations avec l'Europe et de désorganiser ses entreprises d'exportation pour deux ans, en poursuivant une politique qu'elle devrait nécessairement abandonner avant qu'elle lui ait profité.

Pour les lecteurs qui aiment les raisonnements abstraits je résumerai mon argumentation de la manière suivante : le commerce international est fondé sur un équilibre compliqué, établi entre les entreprises agricoles et industrielles des diverses nations du monde, et sur la spécialisation par chaque état de l'emploi de sa main-d'œuvre et de ses capitaux. Si une puissance est contrainte de livrer à une autre de grandes quantités de marchandises, sans contre-partie, l'équilibre est détruit. Les capitaux et la main-d'œuvre s'étant définitivement consacrés à certains emplois et ne pouvant pas librement se diriger vers d'autres, la rupture de l'équilibre amoindrit leur utilité. L'*organisation*, qui est un facteur si important de la richesse du monde moderne, est gravement affectée. A la longue, une nouvelle organisation et un nouvel équilibre peuvent s'établir. Mais, si la cause de ces troubles est temporaire, les pertes résultant de la désorganisation, peuvent contrebalancer les bénéfices résultant de livraisons gratuites de marchandises. De plus, comme tous les dommages seront supportés par les capitaux et la main-d'œuvre affectés à certaines entreprises particulières, ils susciteront des protestations sans rapport aucun avec le préjudice causé à l'ensemble de la communauté.

CHAPITRE VII

LA RÉVISION DU TRAITÉ ET L'ORGANISATION DE L'EUROPE

SHYLOCK. — I'll have my bond : I will not hear thee speak;
I'll have my bond : and therefore, speak no more.

Plus M. Loyd George nous fait patauger dans les marais, plus on le félicite pour qu'il nous en fasse sortir. Il nous a conduit dans les marécages pour satisfaire nos désirs. Il nous en tirera pour sauver notre âme. Il nous indique un sentier rempli de roses et éteint les feux de l'enfer juste au bon moment. Qui donc mieux que nous a jamais connu les avantages du ciel et de l'enfer?

En Angleterre, l'opinion s'est presque complètement retournée. Le premier ministre se prépare à triompher aux élections générales en interdisant à l'Allemagne de payer. Du travail pour tout le monde, et plus de bonheur pour *toute* l'Europe, voilà quel sera son programme. Pourquoi pas, après tout. Mais ce nouveau docteur Faust secoue trop vivement son kaléidoscope pour que je puisse dire à quel moment les lueurs divines se transforment en flammes infernales. Nous ferons mieux de voir si nous pouvons trouver nous-mêmes une solution indépendante. Elle est *possible* en ce sens que seul un changement de la volonté populaire est nécessaire pour la réaliser. Nous espérons influencer quelque peu l'opinion générale; mais nous laissons le principal de cette tâche à ceux dont la besogne est de choisir l'instant où l'on pourra broder de pareils plans sur un étendard politique.

Si je remonte dans le passé, et si je regarde ce que j'écrivais il y a deux ans, je vois que les dangers qui se présentaient alors sont à présent passés. La patience des peuples d'Europe et la stabilité de leurs institutions ont survécu aux chocs les plus dangereux qu'elles ont reçus. Il y a deux ans, le traité, qui offensait la Justice, la Pitié, la Sagesse, représentait la volonté passagère des puissances victorieuses. Les victimes seraient-elles assez patientes ? Ou bien le désespoir et les privations allaient-elles les amener à bouleverser les fondations de la société ! Maintenant nous savons la réponse. Elles ont été patientes. Il ne s'est rien produit. Les hommes ont simplement été malheureux. Les communautés d'Europe établissent un nouvel équilibre. Nous voici presque arrivés au moment de nous occuper de la renaissance du monde, après nous être préoccupés d'éviter une catastrophe.

D'autres facteurs que la patience populaire ont souvent aidé l'Europe au milieu des dangers. Les actes de ceux qui détenaient le pouvoir ont été plus sages que leurs paroles. On exagère à peine en disant qu'aucune partie du traité n'a été exécutée complètement, sinon les clauses relatives aux frontières et au désarmement. Beaucoup des maux qui, selon moi, devaient découler de l'application du chapitre des réparations, ne se sont pas produits, parce que nul essai sérieux d'exécution n'a été tenté. Si on ne peut pas dire encore comment les auteurs du traité feront pour se rétracter, il n'est en tout cas plus question de renforcer les clauses des réparations. Un troisième facteur est intervenu. Il n'était point conforme à ce que nous attendions, et paraissait paradoxal, à première vue. Néanmoins, il s'adaptait naturellement aux indications de l'expérience. Elle indiquait que c'est dans les périodes de prospérité et non dans les époques malheureuses que les peuples s'agitent et menacent leurs maîtres. Quand les temps sont mauvais, quand la misère écrase les nations, les hommes sombrent dans une lasse indifférence. L'Angleterre et toute l'Europe l'ont appris en 1921. La Révolution française n'a-t-elle pas plutôt résulté de l'accroissement de la richesse de la France du XVIIIe siècle que de l'oppression des impôts et des exactions de l'ancien régime ? C'est la vue des profiteurs, plus que les privations qui poussent les hommes à secouer leurs chaînes.

Par conséquent, en dépit de la crise commerciale et du désordre des changes, la situation profonde de l'Europe est plus stable et plus saine qu'il y a deux ans. Les esprits sont moins agités et l'organisation détruite par la guerre est, en partie, rétablie. Les transports, sauf dans l'Europe orientale, sont remis en état. La moisson a été bonne partout, sauf en Russie, et les matières premières ne manquent pas. La prospérité commerciale de l'Angleterre et de l'Amérique, ainsi que leurs marchés d'outre-mer ont supporté des fluctuations d'une amplitude jusqu'alors inconnue; mais tout indique que le point critique est franchi.

Deux obstacles subsistent. Le traité, bien que non-exécuté, n'a pas été révisé; quand à cet élément de l'organisation générale, qui consiste dans le fonctionnement de la circulation monétaire, des finances publiques et du commerce extérieur, il est dans une aussi mauvaise situation que jamais. Dans la plupart des États européens, il n'y a toujours nul équilibre entre les revenus nationaux et les dépenses, si bien que l'inflation continue et que la valeur internationale de leur monnaie reste variable et incertaine. Les suggestions qui suivent ont principalement trait à ces problèmes.

Certains plans de reconstruction européenne sont faux, comme trop sentimentaux, trop complexes ou trop pessimistes. Le malade n'a besoin ni de drogues, ni de médecines. Ce qu'il lui faut c'est une atmosphère saine et naturelle où il puisse donner libre cours à ses forces convalescentes. Un bon plan doit donc être surtout *negatif*. Il doit briser les entraves, clarifier la situation, annuler les liens inutiles mais dangereusement encombrants. Tant que le problème qui se pose pour les ministres des finances d'Europe ne sera pas devenu *résoluble*, l'énergie et l'habileté n'auront pas beaucoup de stimulants. Mais si la situation pouvait être rendue telle qu'une nation en faillite ne puisse s'en prendre qu'à elle-même, alors, dans chaque pays, la technique financière la plus complètement honnête et la plus hautement scientifique pourrait jouer son rôle.

Par conséquent mes conclusions, dans leur essence, ne sont pas nouvelles. Le projet, maintenant bien connu, d'annulation, intégrale ou partielle, des dettes interalliées y figure au premier plan. Ceux qui ne sont pas prêts à des mesures de cet ordre ne doivent pas prétendre s'intéresser sérieusement à la reconstruction de l'Europe.

Tant que cette annulation ou cette réduction comporte des sacrifices pour la Grande-Bretagne, un Anglais peut écrire librement sur le sujet, et avec une certaine connaissance des tendances de l'opinion populaire de son pays. Mais la question devient plus difficile lorsqu'elle implique des concessions de la part des États-Unis. L'attitude d'une partie de la presse américaine nous donne irrésisti blement envie de répondre par les balivernes ou les demi-vérités qui engendrent, croit-on, la cordialité entre les deux nations. Cette attitude est parfaitement respectable, et, ce qui est pire, c'est qu'elle peut même faire du bien, là où la franchise ferait du mal. Je poursuis une politique opposée. Ma conscience hésite et doute ; mais je suis soutenu, non seulement dans ce chapitre mais dans tout ce livre, par l'espoir, peut-être fallacieux, que la vérité finit par faire du bien, à la longue, même si elle commence par causer quelque trouble.

Jusqu'ici, on n'a pas demandé de réparations à l'Allemagne. Jusqu'ici, les Alliés n'ont pas payé les intérêts de leur dette aux États-Unis. Nos difficultés actuelles, lorsqu'elles ne résultent pas des contre-coups de la guerre et de la crise commerciale, sont causées non pas tant par l'exécution de ces demandes que par le doute qui règne, au sujet de leur exécution possible. Il s'ensuit donc qu'il ne sert à rien d'ajourner le problème. C'est ce que nous faisons depuis deux ans déjà. Réduire nos demandes de réparations au maximum de la capacité actuelle de paiement de l'Allemagne et l'obliger à payer pourrait même empirer la situation. Diminuer de moitié les dettes interalliées et tenter d'en exiger le remboursement ne feraient qu'aggraver la question. La vraie solution n'est donc pas celle qui cherche à tirer, par principe, le dernier sou du débiteur, c'est celle qui soumet aux ministres des finances de *tous* les pays un problème qu'ils puissent résoudre sagement en cinq ans.

I. — La Révision du Traité.

La Commission des réparations a fixé les réclamations des Alliés à 138 milliards de marks-or, dont 132 représentent le remboursement des pensions et la réparation des dommages, et 6 la dette de guerre de la Belgique. Elle n'a pas indiqué selon quelles proportions cette somme serait répartie entre les dommages causés aux biens et ceux causés aux personnes. Mes propres évaluations s'élèvent à 110 milliards dont 74 représentent les pensions, 30 les dommages matériels, et 6 la dette belge.

Les arguments du chapitre VI prouvent à ceux qu'ils ont convaincus, la nécessité d'annuler la créance abusive relative aux pensions. Cette méthode réduirait le total à 36 milliards, somme dont il n'est peut-être pas de notre intérêt d'exiger le complet remboursement, mais que l'Allemagne en théorie, pourrait probablement payer.

Abstraction faite de la suppression de diverses clauses encombrantes, qui ne servent plus à rien, je limiterais la révision du traité à ce simple trait de plume. Remplaçons le total de 138 milliards de marks-or par 36 milliards de marks-or.

Les conditions d'armistice nous donnent strictement droit à cette somme. Si la prudence veut d'autres réductions, seuls ceux qui ont des droits sur le total, les peuvent légitimement accomplir. J'ai confiance que ces 36 milliards peuvent se répartir entre les Alliés, dans des proportions semblables à celles qu'indique le tableau suivant :

	Dommages.	Dette belge.	Total.
Empire britannique. .	9	2	11
France	16	2	18
Belgique.	3	»	3
Italie	1	»	1
États-Unis	»	2	2
Autres alliés.	1	»	1
	30	6	36

Je ne crois pas théoriquement impossible de faire payer à l'Allemagne 5 p. 100 d'intérêts et 1 p. 100 d'amortissement sur cette somme. Mais ce résultat ne pourrait être atteint que si le Reich développait ses exportations d'une manière dangereuse pour l'Angleterre, et imposait à sa trésorerie des obligations qui empireraient l'état des finances et affaibliraient ses gouvernements déjà instables.

En admettant même que ce paiement soit théoriquement possible, je ne pense pas qu'il soit exécutable en pratique au cours d'une période de 30 ans.

Je recommande donc, — indépendamment de la révision préconisée ci-dessus : — que l'Empire britannique abandonne la totalité de ses réclamations, exception faite d'une somme d'un milliard de marks-or consacrée à un usage spécial que nous expliquerons plus loin, et qu'il entreprenne de compenser les revendications de l'Italie et des créanciers secondaires en annulant ce qu'ils lui doivent. Ainsi, l'Allemagne aura à payer 18 milliards de marks-or à la France et 3 milliards de marks à la Belgique, en supposant que les États-Unis abandonnent aussi la bagatelle dont ils sont créanciers. Elle pourrait se libérer par un paiement annuel de 6 p. 100 du capital, (5 p. 100 d'intérêts et 1 p. 100 d'amortissement), pendant 30 ans. En prenant quelques mesures convenables pour faciliter les débuts de cette politique, il est permis de supposer que cette somme pourrait être versée sans préjudice pour quiconque.

Il n'y a aucun inconvénient à ce que ces paiements soient effectués en nature lorsque cela semblera utile. Mais je ne vois nul intérêt à insister. Mieux vaudrait laisser l'Allemagne trouver l'argent comme elle le pourra, les paiements en nature n'étant effectués que par consentements réciproques, comme par exemple dans l'accord de Wiesbaden.

Cependant de grandes difficultés peuvent résulter de la fixation *en or* de versements annuels pour une période aussi longue que 30 ans. Si les prix en or diminuent, le fardeau deviendra insupportable. S'ils s'élèvent, les réclamants auront de grandes déceptions. Il conviendrait donc qu'une autorité impartiale fût chargée d'établir les paiements annuels en se rapportant au nombre indicateur de la valeur d'échange de l'or.

Une autre modification à apporter au traité se rapporte à l'occupation de l'Allemagne. Les relations pacifiques en Europe seraient grandement améliorées, si toutes les troupes alliées étaient retirées du territoire allemand et si les puissances se désistaient du droit d'envahir le Reich sans l'autorisation de la majorité de la Société des Nations, mais, en échange, l'Angleterre et les Etats-Unis devraient s'engager à soutenir par tous les moyens raisonnables, sauf au prix d'une guerre, la France et la Belgique pour assurer la satisfaction de leurs revendications ainsi réduites. L'Allemagne devrait garantir la neutralisation de tous les territoires qu'elle possède à l'ouest du Rhin.

II. — La situation respective des Alliés.

La France. — La France a-t-elle avantage à accepter ce règlement? S'il est accompagné de nouvelles concessions de la part de la Grande-Bretagne et des Etats-Unis en vue de l'annulation de ce qu'elle leur doit, il lui est évidemment favorable.

Quel est à l'heure actuelle le bilan de ses créances et de ses dettes? Elle a droit à 52 p. 100 des versements de l'Allemagne. J'ai calculé que les paiements annuels du Reich, aux termes de l'accord de Londres, s'élèveront : *a*) en évaluant les exportations allemandes à 6 milliards, à 3,56 milliards de marks-or; *b*) en évaluant les exportations allemandes à 10 milliards, à 4,60 milliards de marks-or. Dans la première hypothèse, la part de la France est donc de 1,85 milliard par an, et dans la seconde de 2,39 milliards. D'autre part, la

France doit aux Etats-Unis $ 3.634 millions et à l'Angleterre £ 557 millions. Si l'on convertit au pair ces sommes en marks-or, et si l'on calcule l'obligation annuelle qu'elles représentent à 5 p. 100 d'intérêt, plus 1 p. 100 d'amortissement, la France doit donc 1,48 milliard par an. Par conséquent, en admettant même que l'Allemagne exécute intégralement les obligations que lui impose la seconde hypothèse relative à ses exportations, tout ce que la France peut espérer tirer des accords actuels, c'est un bénéfice net de 910 millions de marks-or (£ 45.500.000), par an. Au contraire, selon le plan modifié que nous composons, non seulement elle aura droit à une somme, plus considérable, de 1,08 milliard de marks-or (£ 54 millions) par an, mais encore comme elle bénéficiera d'un droit de priorité sur les ressources disponibles de l'Allemagne, et comme la créance globale sera ramenée dans les limites de la capacité de paiement du Reich, elle pourra raisonnablement espérer être payée.

Mes propositions permettent la reconstruction complète des provinces dévastées, si l'on évalue loyalement les dommages causés. Elles suppriment les revendications rivales qui s'opposent à l'exécution de cette œuvre capitale. Indépendamment de cette question, indépendamment des plus grandes possibilités de paiement effectif qu'il apporte, la France retirera de ce plan des sommes plus considérables que si l'on continuait à maintenir strictement les accords existants.

....

La Belgique a droit actuellement à 8 p. 100 des versements, ce qui représente, aux termes de l'accord de Londres, dans l'hypothèse *a*), 280 millions de marks-or par an, et dans l'hypothèse *b*), 368 millions. Selon mes projets, elle recevra 180 millions de marks-or par an et gagnera en certitude ce qu'elle aura perdu en possibilité. Un accord entre la Belgique et la France devrait régler son droit de priorité.

L'Italie aurait beaucoup à gagner. Les accords de Londres lui donnent droit à 10 p. 100, c'est-à-dire, à 326 millions de marks-or par an dans l'hypothèse *a*), et à 460 millions, dans l'hypothèse *b*). Mais ces sommes sont bien inférieures aux obligations annuelles que lui impose sa dette vis-à-vis de l'Angleterre et des États-Unis, qui, converties en marks-or, représentent des charges annuelles de 1 milliard de marks-or.

III. — L'Assistance aux Nations nouvelles.

J'ai réservé ci-dessus, sur la créance de la Grande-Bretagne, une somme de 1 milliard de marks-or, non pas pour que l'Angleterre conserve cette somme dans son intérêt personnel, mais pour qu'elle la consacre à résoudre les difficultés financières de deux États dont elle a, jusqu'à un certain point, la responsabilité, à savoir : l'Autriche et la Pologne.

Les difficultés de l'*Autriche* sont bien connues. Elles ont suscité la sympathie du monde. Les

Viennois ne sont pas faits pour jouer la tragédie. Le monde le sent, et l'on ne peut pas vouloir du mal à la ville de Mozart. Vienne a été une ville décadente, mais, délivrée des tentations impériales, elle est libre maintenant de jouer son véritable rôle en devenant la capitale du commerce et des arts du quart de l'Europe. Elle a ri et elle a pleuré, tout au long les deux dernières années, et maintenant, je crois que, bien qu'en surface sa situation soit plus désespérée que jamais, des secours modérés lui suffiront. L'Autriche n'a pas d'armée, et par suite de la dépréciation de sa monnaie, sa dette intérieure est devenue insignifiante. Des secours trop considérables pourraient l'amener à une mendicité perpétuelle ; mais une assistance bien comprise la sortira de son découragement et rendra résolubles ses problèmes financiers.

Je propose donc d'annuler ses dettes vis-à-vis des gouvernements étrangers, et de lui remettre une partie relativement faible du milliard livré à l'Angleterre par l'Allemagne. Il suffirait, sans doute, de lui ouvrir pendant une période de 5 ans à Berlin, des crédits s'élevant à 300 millions de marks-or.

En ce qui concerne les autres nouveaux Etats, l'annulation des dettes, — et, en ce qui concerne la Hongrie, de la créance des Alliés au titre des réparations — suffiraient, sauf pour la Pologne.

A la *Pologne* aussi, il faut donner le moyen de résoudre ses difficultés. Mais il est difficile de se montrer pratique sur un sujet qui l'est si peu.

Les principaux problèmes polonais ne peuvent être résolus qu'à la longue et par suite du relèvement de ses voisins.

Je ne parle ici que de la question urgente de la réorganisation des finances de la Pologne et de ses relations commerciales avec l'Allemagne. Je crois, en ce qui concerne ces deux facteurs, qu'il conviendrait de lui attribuer le reliquat du milliard réservé, soit 700 millions de marks-or. La Pologne pourrait disposer librement des intérêts annuels de cette somme, mais le capital serait consacré exclusivement à la réorganisation de la circulation monétaire dans des conditions qui devraient être approuvées par les États-Unis et l'Angleterre.

Dans son essence, ce plan est très simple. Il donne satisfaction à mon critérium qui veut que chaque ministre des finances ait à résoudre un problème possible. Le reste viendra peu à peu et je n'alourdirai pas ce livre, en envisageant des solutions détaillées.

Quelles sont les nations qui auront à souffrir? Même sur le papier, — et bien plus encore dans la réalité, — toutes les nations continentales bénéficieront de ce projet. Mais, en théorie, les Etats-Unis et l'Angleterre perdront quelque chose. Que devront-ils abandonner?

Aux termes de l'accord de Londres, l'Angleterre a droit à 22 p. 100 des versements allemands, soit donc à une somme comprise entre 780 et 1.010 millions de marks-or, par an

(£ 39.000.000, et £ 50.900.000), selon la valeur des exportations allemandes. Les divers gouvernements européens lui doivent, y compris la Russie, (voir appendice n° 9), £ 1.800.000, qui, à 6 p. 100, représentent ££ 108.000.000, par an. Elle doit abandonner, sur le papier, toutes ces sommes, soit, £ 150 millions. En réalité, elle n'aurait que bien peu de chances de faire jamais rentrer plus qu'une fraction de ce total. L'Angleterre vit du commerce, et la plupart des Anglais seront facilement convaincus que leur patrie gagnera davantage en honneur, en prestige, en richesse, si, prudemment généreuse, elle maintient l'équilibre commercial et la tranquillité de l'Europe, que si elle essaye de tirer un tribut écrasant et détesté, soit de ses alliés victorieux, soit de son ennemi vaincu.

Les États-Unis, en théorie, devraient abandonner un capital d'environ 6.500 millions de dollars, qui, à 6 p. 100, représente des annuités de $ 399.000.000, (£ 78.000.000). Mais, à mon avis, les chances de remboursement sont vraiment lointaines (1). Pouvons-nous espérer voir les Etats-Unis adhérer assez tôt à ces propositions pour qu'elles puissent être utiles ?

(1) La dette de la Grande-Bretagne vis-à-vis des Etats-Unis n'est pas comprise dans le chiffre ci-dessus Elle soulève des questions que je n'ai pas l'intention de traiter ici. Elle diffère des autres en ce que ses intérêts peuvent être réellement payés. Mes propositions n'ont trait qu'aux dettes des gouvernements de l'Europe continentale vis-à-vis de l'Angleterre et des Etats-Unis.

La plupart des Américains avec lesquels j'ai causé, sont personnellement favorables à l'annulation des dettes européennes, mais ils ajoutent que ceux de leurs compatriotes qui pensent autrement sont si nombreux qu'une telle proposition est à présent en dehors de toute possibilité politique pratique. Ils pensent donc qu'il est trop tôt pour la discuter. A l'heure actuelle, disent-ils, l'Amérique doit prétendre qu'elle va demander à être remboursée, et les États européens doivent affirmer qu'ils vont payer. Somme toute, la question est à peu près la même que celle qui se posait, en Angleterre, en 1921, à propos des réparations de l'Allemagne. Sans aucun doute, mes informateurs ne se trompent pas au sujet de l'opinion publique, cette mystérieuse entité qui doit être la même chose que la Volonté générale dont parle Rousseau. Néanmoins je n'attache pas trop d'importance à ce qu'ils me disent. Aux Etats-Unis l'opinion publique change quelquefois en bloc.

Si, en effet, l'opinion publique restait invariable, il serait inutile de discuter les questions d'intérêt général. Bien que la tâche principale des politiciens et des journalistes doive être de tenir compte de ces caractères temporaires, l'écrivain est libre de s'occuper plutôt de ce que l'opinion devrait être. Je répète ce lieu commun, parce que beaucoup d'Américains expriment l'opinion qu'il est réellement inconvénant de faire des propositions que n'approuve pas l'opinion publique. En Amérique, on attribue aussitôt quelques causes malhonnêtes à un acte de ce genre et les critiques se manifestent sous la forme d'une enquête touchant au caractère personnel et aux antécédents du prévenu.

Malgré cela, examinons un peu plus complètement les sentiments qui dominent la politique des États-Unis relativement aux dettes européennes. L'Amérique veut être généreuse vis-à-vis de l'Europe, autant parce qu'elle est animée de bons sentiments, que parce qu'elle soupçonne que toute autre politique détruirait son propre équilibre. Mais, elle ne veut pas « être jouée ». Elle ne veut pas que l'on puisse dire encore que les vieux politiciens cyniques de l'Europe ont été trop nombreux et trop adroits pour elle. La moisson a été mauvaise. Les impôts sont écrasants; beaucoup de régions des États-Unis ne se trouvent pas, à l'heure actuelle, assez riches pour favoriser l'abandon de cet actif, à la légère. En outre, les Américains rapprochent, beaucoup plus que nous ne le faisons d'habitude, ces arrangements entre nations ayant combattu ensemble, des transactions commerciales ordinaires entre individus. C'est, disent-ils, comme si une banque, ayant fait à un client en qui elle a confiance une avance sans garantie, à un moment où des difficultés lui rendaient cette avance indispensable, ce client se refusait à la rembourser. Permettre de pareilles choses serait porter atteinte aux principes élémentaires de l'honneur commercial.

L'Américain moyen, j'imagine, aimerait voir les nations européennes s'approcher de lui avec dans les yeux un regard ému, dans la main de l'argent, et sur les lèvres, ces mots : « Amérique! nous te devons notre liberté et notre vie. Nous t'apportons, avec toute notre reconnaissance, de l'argent que des impôts sévères n'ont point arraché à la veuve et à l'orphelin, de l'argent que nous avons économisé, — c'est là le meilleur fruit de la victoire, — en abolissant les armements, le militarisme, l'autocratie, les rivalités internationales, résultat auquel nous ne sommes parvenus que grâce au concours que tu nous as donné ». Et alors l'Américain moyen répondrait : « J'honore votre honnêteté, je n'en attendais pas moins de vous. Mais je ne suis pas entré dans la guerre pour réaliser des bénéfices, ou trouver de bons placements pour mes capitaux. Les mots que vous avez prononcés ont suffi à me payer. J'annule le remboursement de vos emprunts. Retournez chez vous, et consacrez les ressources que je vous laisse à soulager la misère des malheureux ». Ce qu'il y aurait de mieux dans cette petite scène, c'est que la dernière réplique devrait paraître complètement inattendue.

Mais le monde est si méchant! ce n'est pas dans les affaires internationales que nous trouverons les satisfactions sentimentales que tous nous aimons tant. Seuls les individus sont bons. Toutes les nations sont malhonnêtes, cruelles et sournoises. En décidant de la question de savoir si l'Italie, par exemple, doit payer ce qu'elle doit, l'Amérique doit envisager les conséquences qu'auraient toutes tentatives faites en vue de ce remboursement, soit par rapport à l'équilibre économique entre l'Amérique et l'Italie, soit par rapport aux conditions d'existence des paysans italiens. Et, tandis que les premiers ministres télégraphieront les phrases qu'auront rédigées leurs secrétaires, pour prouver que l'Amérique vient d'accomplir le geste le plus important de l'histoire du monde et que les Américains sont les plus nobles créatures qu'il soit, les États-Unis ne devront pas espérer recevoir des remerciements sincères et appropriés.

Néanmoins, comme le temps presse, nous ne pouvons pas compter sur le concours américain et il faut savoir nous en passer si cela est nécessaire. Si l'Amérique ne se sent pas prête à participer à une conférence de la Révision et de la Reconstruction, il faut que l'Angleterre se prépare à annuler pour sa part les dettes, même si les États-Unis n'entreprennent pas une action analogue.

La simplicité de mon plan ressort nettement du résumé suivant :

1° L'Angleterre et, si possible, aussi l'Amérique doivent annuler toutes les dettes contractées vis-à-vis d'elles par les gouvernements de l'Europe et ne réclamer aucune part des paiements effectués par l'Allemagne au titre des réparations.

2° L'Allemagne doit payer 1.260 millions de marks-or par an, pendant 30 ans, et tenir disponible une somme globale de un milliard de marks-or afin de secourir la Pologne et l'Autriche.

3° Cette annuité doit être divisée en fractions de un milliard 80 millions de marks-or pour la France, et de 180 millions pour la Belgique.

Ce serait là un règlement juste, sensé et durable. En le refusant, la France sacrifierait la proie pour l'ombre. En dépit de quelques apparences superficielles, il est également avantageux pour l'Angleterre. L'opinion publique britannique, si profondément modifiée qu'elle puisse être déjà, peut ne pas être prête encore à envisager la possibilité de ne rien recevoir. Mais nous sommes dans une situation où les nations sages ne doivent pas craindre d'agir largement. Je n'ai point laissé de considérer avec soin les divers moyens par lesquels l'Angleterre pourrait recueillir ou paraître recueillir quelque chose du règlement. Elle pourrait par exemple, prendre quelques-uns des bons C prévus par l'accord de Londres qui, ne venant qu'au troisième rang, après les bons A et B, peuvent bien avoir une valeur nominale, mais n'en ont point de réelle. Au lieu de recevoir une partie du bénéfice des douanes allemandes, elle pourrait, stipuler que ses marchandises entreront en Allemagne sans avoir à acquitter aucun droit. Elle pourrait chercher à contrôler en partie les industries allemandes, ou bénéficier des organismes allemands pour l'exploitation future de la Russie.

Ce sont là les plans qui attirent les esprits ingénieux, et qu'il ne faut pas écarter trop rapidement. Cependant, je préfère encore le simple projet que j'ai exposé, car je crois que ces expédients sont opposés à la saine raison.

Certains demandent que l'Angleterre et les États-Unis ne fassent des concessions à la France au sujet des réparations et des dettes interalliées que si elle consent à adopter vis-à-vis du reste du monde une politique plus pacifique que celle à laquelle jusqu'ici elle a semblé se tenir. J'espère que la France cessera de s'opposer à la réduction des armements terrestres et maritimes. Quel préjudice ne supportera pas en effet sa jeunesse, si elle maintient le service militaire obligatoire, alors que ses voisins, volontairement ou involontairement, l'ont abandonné. Comprend-elle qu'il ne peut pas y avoir d'amitié possible entre l'Angleterre et *toute* autre nation voisine entreprenant d'exécuter un programme important de sous-marins? J'espère également que la France oubliera ses dangereuses visées sur l'Europe centrale et limitera strictement les ambitions qu'elle nourrit en Orient, car elles reposent sur des fondements ébranlés. La France a tort de croire qu'elle a quelque chose à craindre prochainement de l'Allemagne, sinon les sursauts qu'elle peut elle-même provoquer. Il se passera longtemps avant que l'Allemagne, ayant recouvré sa force et son orgueil, jette les yeux vers l'Ouest. L'avenir de l'Allemagne se trouve actuellement à l'Est. C'est certainement dans cette direction que se tourneront ses espérances et ses ambitions renaissantes.

La France a maintenant l'occasion de consolider sa position mondiale et d'en faire une des plus stables, des plus sûres et des plus riches qui soient sur terre. Suffisamment peuplée sans l'être trop, pleine de bon sens, elle est l'héritière d'une civilisation splendide et unique. Ce n'est pas en se lamentant sur des dévastations qu'elle pourra réparer, ce n'est pas en se vantant d'une hégémonie militaire qui peut, en peu de temps, la mener à la ruine, qu'elle pourra lever la tête et prendre la direction intellectuelle d'une Europe pacifiée.

Néanmoins, ce n'est pas par des marchandages que de pareils buts pourront être atteints. Ils ne peuvent pas être imposés à la France par des voix venues de l'extérieur. C'est pourquoi nous ne les inscrivons pas dans le règlement des réparations. Ce règlement, nous l'offrons à la France sous une seule condition : qu'elle l'accepte. Mais, si, comme Shylock, elle réclame sa livre de chair, alors, que la loi entre en vigueur. Qu'elle tire de l'Allemagne tout ce qu'elle pourra et qu'elle paye tout ce qu'elle doit à l'Angleterre et aux États-Unis.

La question la plus controversée est sans doute celle de savoir si des annuités de 1 milliard 260 millions de marks-or suffisent. J'admets que l'Allemagne puisse effectuer des versements plus importants, mais je recommande le chiffre ci-dessus, parce que d'une part, il permet la reconstruction des régions dévastées de la France, et parce que d'autre part, il n'est pas assez écrasant pour que nous ayons besoin, afin de faire payer l'Allemagne, d'être prêts à l'envahir à chaque printemps et à chaque automne. Nous devons fixer le total des annuités à un chiffre que l'Allemagne puisse considérer elle-même comme juste, et qui soit suffisamment inférieur à ses capacités de paiement, pour laisser quelques stimulants possibles à ses entreprises.

Supposons que nous connaissions le maximum théorique de la capacité de l'Allemagne de produire et de vendre à l'étranger un excédent de marchandises. Supposons que nous mettions le doigt sur une échelle mobile de paiement, capable d'absorber année par année cet excédent, quel qu'il soit, — serait-il sage de pratiquer cette politique? On ne peut pas raisonnablement vouloir exiger à la pointe des baïonnettes, — car c'est là ce qu'elle signifierait, — des paiements si lourds qu'ils ne seraient jamais exécutés volontairement, et continuer ainsi jusqu'à ce que les auteurs de la Paix de Versailles soient morts et enterrés depuis longtemps.

Mes propres propositions, si modérées qu'elles paraissent par rapport à d'autres, infligent à l'Allemagne un lourd fardeau. Elles procurent à la France des avantages énormes. Les Français se sont suffisamment nourris de chiffres imaginaires pour pouvoir trouver, j'imagine, un goût agréable et une saveur piquante aux faits réels. Qu'ils considèrent l'imposante puissance financière que leur donnerait mon plan. Libres de toute dette extérieure, ils recevraient réellement chaque année, pendant 30 ans, un paiement équivalent en or à près de la moitié de la réserve d'or que possède actuellement la banque de France. Et, au bout du compte, l'Allemagne leur aurait remboursé dix fois ce qu'elle leur a pris après 1870.

Est-ce aux Anglais de se plaindre? sont-ils véritablement perdants? on ne peut pas dresser un bilan d'éléments incommensurables. Mais la Paix et la bonne entente peuvent être assurées à l'Europe. On ne demande à l'Angleterre, — je crois que, bien au fond, elle le sait — que d'abandonner quelque chose qu'en aucun cas elle ne pourrait obtenir jamais. Toute la question est de savoir si l'Amérique et l'Angleterre attendront d'être déboutées de leurs demandes au milieu du mépris universel.

APPENDICE

L'accord de Spa, juillet 1921.

(*Résumé.*)

ARTICLE PREMIER. — Les sommes reçues de l'Allemagne, en exécution du traité de Versailles, seront réparties entre les Alliés dans les proportions suivantes :

France	52 p. 100
Empire britannique . . .	22 p. 100
Italie.	10 p. 100
Belgique	8 p. 100
Japon et Portugal	3/4 p. 100

Les 6 1/2 p. 100 restant sont réservés à la Serbie, à la Grèce, à la Roumanie et aux autres puissances signatrices de l'accord.

ART. 2. — Les versements reçus des parties constitutives de l'ancien empire d'Autriche-Hongrie et de la Bulgarie, seront répartis entre les Alliés de la manière suivante :

a) Pour une moitié, de la manière ci-dessus.

b) Pour l'autre moitié, l'Italie recevra 40 p. 100, tandis que 60 p. 100 seront répartis entre la Grèce, l'Etat des Serbes-Croates-et-Slovènes, la Roumanie et les autres puissances signatrices de l'accord.

Art. 3. — Les gouvernements alliés adopteront si cela est nécessaire des mesures capables de faciliter l'émission par l'Allemagne d'emprunts destinés aux besoins intérieurs du pays et à l'amortissement rapide de la dette allemande à l'égard des Alliés.

L'Art. 4 traite en détail des comptes tenus par la Commission des réparations.

L'Art. 5 assure à la Belgique sa priorité de 2 milliards de marks-or et énumère les valeurs visées par cette priorité.

L'Art. 6 évalue les bateaux livrés aux termes des traités de paix, et prévoit l'allocation des sommes reçues pour le louage de ces bateaux.

L'Art. 7 traite des navires de guerre alliés et du matériel livré conformément au protocole du 10 janvier 1920, pour compenser les navires de guerre allemands coulés.

L'Art. 8 déclare que le même protocole s'appliquera aux sommes provenant de la vente de matériaux et de navires de guerre livrés conformément aux clauses du traité et comprenant virtuellement les sommes provenant de la vente effectuée par la commission des réparations.

L'Art. 9 accorde à l'Italie une priorité absolue relativement à certaines sommes déterminées qui lui sont dues par l'Autriche-Hongrie et la Bulgarie.

L'Art. 10 maintient les droits de la Pologne et déclare que cet accord ne s'applique pas à ce pays.

L'Art. 11 maintient les droits des pays qui consentirent des prêts à la Belgique, avant le 11 novembre 1918, et en prévoit le remboursement dès que le paiement de la priorité belge aura été effectué.

L'Art. 12 maintient les droits des puissances alliées, relativement au remboursement des crédits accordés aux nations anciennement ennemies, pour leur venir en aide.

L'Art. 13 ajourne la fixation du coût uniforme des armées d'occupation, afin de consulter, à ce sujet, les Etats-Unis.

II

Protocole de la Conférence de Spa relatif aux livraisons de charbon.

(*16 juillet 1920.*)

La Conférence composée des représentants de l'Empire britannique, de la France, de l'Italie, du Japon, de la Belgique, et de l'Allemagne, réunie à Spa, sous la présidence de M. Delacroix, président du Conseil des Ministres du royaume de Belgique, a d'un commun accord, en vue de faciliter l'exécution du Traité de Paix de Versailles relativement aux livraisons de charbon par l'Allemagne aux Alliés, décidé ce qui suit :

1° Le Gouvernement allemand s'engage à partir du 1er août 1920, et pour les six mois à venir, à mettre chaque mois à la disposition des Alliés 2 millions de tonnes de charbon, quantité approuvée par la Commission des réparations ;

2° Les Gouvernements alliés porteront au compte des réparations la contre-valeur de ce charbon venant par voie de fer ou par eau, évaluée au prix intérieur allemand conformément au paragraphe 6, lettre *a*, de l'annexe V la partie VIII du Traité de Versailles. En outre, comme contre-partie de la faculté reconnue aux Alliés de se faire livrer des charbons classés et qualifiés, une prime de 5 marks-or par tonne payable en espèces par la partie prenante sera affectée à l'acquisition de denrées alimentaires pour les mineurs allemands ;

3° Pendant la durée des livraisons de charbon ci-dessus, les dispositions prévues par les paragraphes 2, 3 et 4 du projet du protocole du 11 juillet 1920 relativement au contrôle, seront mises immédiatement en vigueur dans la forme modifiée conformément au texte de l'annexe ci-jointe :

4° Il sera conclu sans délai entre les Alliés un accord sur la répartition de la production de charbon de Haute-Silésie par une Commission auprès de laquelle l'Allemagne sera représentée. Cet accord sera soumis à l'approbation de la Commission des réparations ;

5° Il sera réuni sans délai à Essen une Commission où les Allemands seront représentés. Son objet sera de rechercher par quel moyen peuvent être améliorées les conditions de vie des mineurs au point de vue de la nourriture et de l'habillement et en vue d'une meilleure exploitation des mines ;

6° Les Gouvernements alliés se déclarent prêts à consentir à l'Allemagne, pendant la période de six mois envisagée ci-dessus, une avance dont le montant sera égal à la différence entre le prix payé en exécution du paragraphe 2 ci-dessus et le prix d'exportation allemand f. o. b. dans les ports allemands, ou d'exportation anglais f. o. b. dans les ports anglais et dans tous les cas le plus bas de ces prix, ainsi qu'il est spécifié au paragraphe 6, *b*, de l'annexe V de la partie VIII du Traité de Versailles.

Ces avances seront faites en conformité des articles 235 et 251 du Traité de Versailles; lesdites avances jouiront d'une priorité absolue sur toutes autres créances des Alliés vis-à-vis de l'Allemagne. Les avances seront faites à la fin de chaque mois suivant le nombre de tonnes livrées et le prix moyen f. o. b. du charbon pendant cette période. Des avances seront faites en compte par les Alliés, dès la fin du premier mois, sans attendre les chiffres exacts.

7° Si, à la date du 15 novembre 1920, il a été constaté que le total des livraisons d'août, septembre et octobre 1920 n'a pas atteint 6 millions de tonnes, les Alliés procéderaient à l'occupation d'une nouvelle partie du territoire allemand (région de la Ruhr ou toute autre).

ANNEXE

I

Une délégation permanente de la Commission des réparations sera installée à Berlin. Elle aura pour mission de s'assurer, par les moyens suivants, que les livraisons de charbon prévues à l'arrangement du 16 juillet 1920 soient effectuées.

Les programmes de répartition générale de la production, avec détails de provenance et de qualités, d'une part, et les ordres destinés à assurer les livraisons aux puissances alliées, d'autre part, seront établis par les autorités allemandes compétentes et soumis par elles au visa de ladite délégation dans un délai convenable avant leur transmission aux organismes d'exécution.

II

Aucune modification dans lesdits programmes, qui serait susceptible d'entraîner une réduction dans les livraisons aux Alliés, ne pourra entrer en vigueur sans le visa préalable de la délégation de la Commission des réparations à Berlin.

III

La Commission des réparations, à qui le Gouvernement allemand devra périodiquement rendre compte des l'exécution par les autorités compétentes des ordre donnés pour les livraisons aux Alliés, signalera aux puissances intéressées toute infraction aux principes ci-dessus adoptés.

Spa, le 16 juillet 1920.

III

Les décisions de Paris.

(29 janvier 1921.)

ARTICLE PREMIER

Pour satisfaire aux obligations que les articles 231 et 232 du traité de Versailles ont mises à sa charge, l'Allemagne devra, en dehors des restitutions qu'elle doit effectuer, conformément à l'article 238 et de toutes obligations du traité, payer :

1° Des annuités fixes, payables par moitié à la fin de chaque semestre, et ainsi déterminées :

a) Deux annuités de 2 milliards de marks-or du 1er mai 1921 au 1er mai 1923.

b) Trois annuités de 3 milliards de marks-or du 1er mai 1923 au 1er mai 1926.

c) Trois annuités de 4 milliards de marks-or du 1er mai 1926 au 1er mai 1929.

d) Trois annuités de 5 milliards de marks-or du 1er mai 1929 au 1er mai 1932.

e) Trente et une annuités de 6 milliards de marks-or du 1er mai 1932 au 1er mai 1953.

2° Quarante-deux annuités commençant à courir le 1er mai 1921, égales aux 12 p. 100 de la valeur des exportations de l'Allemagne, prélevées sur le produit de celles-ci et payables en or, deux mois après l'expiration de chaque semestre.

En vue d'assurer la complète exécution du paragraphe 2 ci-dessus, l'Allemagne donnera à la Commission des réparations toutes facilités pour vérifier le montant des exportations allemandes et pour établir le contrôle nécessaire.

ART. 2

Le Gouvernement allemand remettra immédiatement à la Commission des réparations des bons aux porteur, payables aux échéances prévues par l'article 1er, paragraphe 1er, du présent arrangement, et dont le montant sera égal à chacune des semestrialités à verser en application dudit paragraphe. Des instructions seront données en vue de faciliter aux puissances qui le demanderont la mobilisation de la part qui leur revient d'après les accords existant entre elles.

ART. 3

L'Allemagne pourra toujours s'acquitter par anticipation de la partie fixe de sa dette.

Les versements anticipés qu'elle effectuera seront appliqués à la réduction des annuités fixes, telles qu'elles seront déterminées par le paragraphe premier de l'article premier; ces annuités seront à cet effet escomptées au taux de :

8 p. 100 jusqu'au 1er mai 1923.

6 p. 100 du 1er mai 1923 au 1er mai 1925.

5 p. 100 à partir du 1er mai 1925.

ART. 4

L'Allemagne ne procédera, directement ou indirectement, à aucune opération de crédit, hors de son territoire, sans l'approbation de la Commission des réparations. Cette disposition s'applique au Gouvernement de l'Empire allemand, au Gouvernement des Etats allemands, aux autorités provinciales ou municipales allemandes, ainsi qu'aux sociétés ou entreprises contrôlées par lesdits Gouvernements et autorités.

ART. 5.

Par application de l'article 248 du traité de Versailles, l'ensemble des biens et ressources de l'Empire et des Etats allemands sont affectés à la garantie de l'exécution intégrale par l'Allemagne des dispositions contenues dans le présent arrangement.

Le produit des douanes allemandes, maritimes et terrestres, y compris notamment le produit de tous droits d'importation et d'exportation et de toutes taxes accessoires, constitue un gage spécial de l'exécution du présent accord.

Aucune modification susceptible de diminuer le produit des douanes ne sera apportée sans l'approbation de la Commission des réparations à la législation et à la réglementation douanières de l'Allemagne.

La totalité des recettes douanières allemandes sera encaissée, pour le compte du Gouvernement allemand, par un receveur général des douanes allemandes, nommé par le Gouvernement allemand avec l'assentiment de la Commission des réparations.

Au cas où l'Allemagne viendrait à manquer à l'un des paiements prévus dans le présent arrangement :

1° Tout ou partie du produit des douanes allemandes pourra être saisi entre les mains du receveur général des douanes allemandes par la Commission des réparations et affecté par elle à l'exécution des obligations auxquelles l'Allemagne aurait manqué. Dans ce cas, la Commission des réparations, si elle le juge nécessaire, pourra assumer elle-même l'administration et la perception des recettes douanières.

2° La Commission des réparations pourra, en outre, mettre le Gouvernement allemand en demeure de procéder à tel relèvement de tarifs ou à prendre, pour augmenter ses ressources, telles autres mesures qu'elle estimera indispensables.

3° Si cette mise en demeure reste sans effet, la Commission pourra déclarer le Gouvernement allemand en état de défaillance et signaler cette situation aux Gouvernements des puissances alliées et associées qui prendront telles mesures qu'ils jugeront justifiées.

Fait à Paris, le 29 janvier 1921.

Henri Jaspar.
D. Lloyd George.
Aristide Briand.
C. Sforza.
K. Ishii.

III

Etat des réclamations des puissances alliées et associées.

FRANCE

Dommages aux biens. (Valeur de reconstitution.)

	Francs-papier.
Dommages industriels	38.882.521.479
Dommages à la propriété bâtie .	36.892.500 000
Dommages mobiliers.	25.119 500.000
Dommages à la propriété non bâtie.	21.671.546.225
Dommages aux biens de l'Etat. .	1.858 218 193
Dommages aux travaux publics .	2.583.299.425
Autres dommages	2.359.865.000
Dommages maritimes	5.009.618.722
Dommages à l'Algérie, aux colonies et à l'étranger.	2.105.535.000
Intérêts à 5 p. 100 depuis l'armistice.	4.125.000.000

Dommages aux personnes.

Pensions militaires	60.045 696.000
A reporter. . . .	200.653.300.044

	Francs-papier.
Report	200.653.300.044
Allocations aux familles des mobilisés	12.936.956.824
Pensions aux victimes civiles de la Guerre	514.465.000
Mauvais traitements infligés aux civils et aux prisonniers de guerre	1.869.230.000
Assistance aux prisonniers de guerre	976.906.000
Insuffisance de salaires.	223.123.313
Exactions de l'Allemagne au détriment des populations civiles.	1.267.615.939
Total des réclamations présentées par la France	218.541.596.120

ANGLETERRE

	£	Francs-papier.
Dommages aux biens. . . .	7.936.456	
Dommages maritimes . . .	763.000.000	
Dommages à l'étranger . . .	24.940.559	
Dommages à la batterie fluviale	4.000.000	
Pensions militaires. . . .	1.706.800.000	
Allocations aux familles des mobilisés. .		7.597.832.086
A reporter.	2.506.677.015	7.597.832.086

	£	Francs-papier.
Report. .	2.506.677.015	7.597.320.086
Pensions aux victimes civiles de la guerre . . .	35.915 579	
Mauvais traitements infligés aux civils et aux prisonniers	95.746	
Assistance aux prisonniers de guerre . . .	12.663	
Insuffisance de salaires. . .	6.372	
. Total . . .	2.542.707.375	7.597.320.086

ITALIE

Dommages aux biens.	20.933.547.500	lires
Dommages maritimes.	128.000.000	liv. ster.
Pensions militaires .	31.410.000.000	fr.
Allocations aux familles des mobilisés .	6.885.130.395	».
Victimes civiles de la guerre et prisonniers.	12.153.289.000	lires.
Total.	33.086.836.000	lires.
	37.926.130.395	fr.
	128.000.000	liv. ster.

BELGIQUE

Dommages aux biens (valeur actuelle). .	29.773.939.099 fr. belges.
Dommages maritimes (valeur actuelle). .	180.708.250 fr. belges.
Pensions militaires .	1.637.285.512 fr. français.
Allocations aux familles des démobilisés.	737.930.484 fr. français.
Victimes civiles de la guerre et prisonniers de guerre. .	4.295.998 454 fr. belges.
Total	34.254.645.893 fr. belges.
	2.375 215 996 fr. français.

JAPON

Dommages maritimes.	297.596 000 yen.
Allocations aux familles des mobilisés .	454.063.000 yen.
Total.	832.774 000 yen.

YOUGOSLAVIE

Dommages aux biens.	8.496.091.000 dinars.
Dommages aux personnes.	19.219.700.112 fr.

ROUMANIE

Dommages aux biens.	9.734.015.287 fr. or.
Pensions militaires .	9.296.663.076 fr. or.
Victimes civiles et prisonniers de guerre.	11.652.009.978 fr. or.
Total	31.099.400.188 fr. or.

TCHÉCO-SLOVAQUIE

6.944.228.296 fr. et 5.614.947.990 couronnes.
618 204.007 fr. et 1.448.169.845 couronnes.

7.612.432 103 fr. et 7 063.117.135 couronnes.

Portugal, 1.944.261 contos.
Grèce, 4.992.788 739 fr. or.
Brésil, £ 1.216.714, plus 598.405 fr.
Siam, 9.179.298 marks-or plus 1.163.821 fr.
Bolivie, £ 16.000
Pérou, £ 56.236 plus 107.389 fr.
Haiti, $ 80.000 plus 532.593 fr.
Cuba, $ 801.135
Libéria, $ 3.997.135
Pologne, 21.913.269.740 fr. or plus 500.000.000 de marks-or
Commission européenne du Danube : 1.834.800 fr. or, 15.048 fr. français et 488.051 Lei.

IV

Le premier ultimatum de Londres.

(3 mars 1921.)

Messieurs,

Mes collègues m'ont prié, en leur nom, de donner lecture de la réponse que nous avons à faire au nom des Alliés.

Le traité de Versailles a été signé il y a moins de deux ans. Le Gouvernement allemand l'a déjà plusieurs fois violé ; la livraison des coupables, des criminels qui ont commis des crimes contre les lois de la Guerre, le désarmement, le payement en espèces ou en nature de 20 milliards de marks-or, n'ont pas été exécutés. Les Alliés n'ont pas insisté brutalement pour faire exécuter leurs créances à la lettre; ils ont accordé des délais, ils ont même modifié la nature de leurs exigences, mais, chaque fois, le Gouvernement allemand s'est dérobé devant eux. En dépit du traité et des engagements pris à Spa, les criminels de guerre n'ont pas été livrés, bien que l'ensemble des accusations soit aux mains du Gouvernement allemand depuis un mois. Des formations militaires ont pu naître dans tout le pays et être équipées à l'aide d'armes qui auraient dû être livrées.

Si le Gouvernement allemand avait montré à l'égard

des réparations le sincère désir d'aider les Alliés à réparer les pertes terribles qui leur ont été infligées par l'acte d'agression dont le Gouvernement impérialiste s'était rendu coupable, nous aurions encore été prêts à tenir compte des difficultés légitimes de l'Allemagne. Mais les propositions ont, contre leur gré même, convaincu les Alliés de ceci : ou bien le Gouvernement allemand n'a pas l'intention d'exécuter ses obligations vis-à-vis du traité, ou bien il n'a pas la force de tenir la main à ce que les sacrifices nécessaires soient faits. Si cela provient de ce que l'opinion allemande ne le permet pas, cela rend la situation encore bien plus grave et rend d'autant plus nécessaire aux Alliés de mettre une fois de plus les chefs de l'opinion allemande en face des faits.

La première chose dont ils doivent parfaitement se rendre compte est celle-ci : les Alliés, tout en ayant été prêts à écouter tous les plaidoyers raisonnables qui se baseraient sur les difficultés de l'Allemagne, ne sauraient plus maintenant permettre ces manquements continuels au traité. Nous avons, en conséquence, décidé ce qui suit, en tenant compte aussi du défi lancé non seulement par ces propositions, mais par des déclarations officielles faites en Allemagne par le Gouvernement allemand. Nous devons agir en partant de cette idée que le Gouvernement allemand, non seulement n'exécute pas les obligations du traité, mais se met de propos délibéré en faute.

A moins que nous n'apprenions lundi prochain que l'Allemagne est décidée ou à exécuter les décisions de Paris ou à soumettre des propositions qui lui permettraient de remplir par d'autres modalités également satisfaisantes les obligations qui lui incombent du chef du traité de Versailles, sous réserve des concessions accordées à Paris, nous prendrons, à partir de la date précitée, les mesures ci-après.

Les Alliés ont été d'accord pour décider que :

1° Les villes de Duisbourg, Ruhrort et Dusseldorf sur la rive droite du Rhin, seront occupées ;

2° Les Alliés demanderont à leurs Parlements respectifs les pouvoirs nécessaires pour obtenir de leurs ressortissants qu'ils payent à leurs différents Gouvernements un prélèvement sur le prix de vente des marchandises allemandes, cette proportion devant être retenue dans les pays au compte des réparations. Cela s'applique aux marchandises allemandes achetées dans ces pays ou dans tous les pays alliés ;

3° I. — Le montant des taxes encaissées par les postes douaniers allemands sur les frontières extérieures des territoires occupés devra être versé à la Commission des réparations.

II. — Une ligne de postes douaniers sera établie provisoirement sur le Rhin et aux limites des têtes de pont occupées par les Alliés. Le tarif à percevoir sur cette ligne douanière, tant à l'entrée qu'à la sortie, sera fixé par la Haute-Commission interalliée des territoires rhénans, d'accord avec les Gouvernements Alliés.

V

Les contre-propositions allemandes transmises par le Gouvernement des États-Unis.

(*24 avril 1921.*)

Le Gouvernement des États-Unis, par sa note du 22 avril, a donné la possibilité, nous lui en sommes très reconnaissants, de résoudre le problème des réparations sans que soient prises des mesures de coercition. Le Gouvernement allemand apprécie la valeur de cette démarche. Dans les propositions suivantes, il s'est efforcé d'offrir ce qui, à son avis, représente la limite extrême de la capacité économique de l'Allemagne.

1° L'Allemagne se déclare prête à reconnaître une dette s'élevant en tout à 50 milliards de marks-or, en valeur actuelle, et à payer l'équivalent de cette somme en annuités, conformes à ses moyens, jusqu'à un total de 200 milliards de marks-or. Elle propose de mobiliser sa dette de la manière suivante :

2° L'Allemagne émettra un emprunt international dont le montant, l'intérêt et le fonds d'amortissement seront fixés par un accord général.

L'Allemagne souscrira à cet emprunt. Pour lui assurer le plus grand succès possible, elle accordera certaines concessions. Le montant de cet emprunt sera tenu à la disposition des Alliés.

3° Sur la part de sa dette, qui ne sera pas couverte par l'emprunt international, l'Allemagne paiera des intérêts et un fonds d'amortissement adapté à ses moyens. Dans les circonstances actuelles, elle considère que le taux de 4 p. 100 est le maximum possible.

4° L'Allemagne est prête à faire bénéficier les puissances intéressées des améliorations de sa situation économique et financière. Dans ce but, le fonds d'amortissement devra être variable. En cas d'améliorations le taux s'élèverait, et s'abaisserait dans le cas contraire.

5° Pour hâter le remboursement du reliquat, l'Allemagne concourra avec toutes ses ressources à la reconstruction des régions dévastées. Elle considère que la reconstruction constitue la partie la plus pressante des réparations, parce qu'elle est le moyen le plus effectif de combattre les haines et les misères causées par la guerre. Elle est prête à entreprendre elle-même le relèvement des villes, des villages et des hameaux, et de prendre part à la reconstruction à l'aide de main-d'œuvre, de matériaux et d'autres ressources, de la manière qui conviendra aux Alliés. Elle paiera elle-même les dépenses que cela entraînera.

6° Indépendamment de la reconstruction, l'Allemagne est prête à fournir aux États intéressés des matériaux, et à leur rendre tous les services possibles sur des bases purement commerciales.

7° Pour prouver la sincérité de ses intentions, l'Allemagne propose de mettre immédiatement, à la disposition de la Commission des réparations, 1 milliard de marks-or, de la manière suivante : 150 millions de marks-or, en or, en argent, et en monnaie étrangère; et 850 millions de marks-or en bons du trésor remboursables à 3 mois au maximum en monnaies et en valeurs étrangères.

8° L'Allemagne est préparée, si les États-Unis et les Alliés le désirent, à prendre à sa charge une partie de la dette des Alliés vis-à-vis des États-Unis, autant que ses moyens le lui permettront.

9° En ce qui concerne les méthodes selon lesquelles les dépenses de l'Allemagne lui seront créditées, elle propose que les prix et les valeurs soient fixés par une commission d'experts.

10° L'Allemagne s'engage à trouver des souscripteurs à l'emprunt en le garantissant par des biens ou des recettes publiques.

11° L'acceptation de ces propositions signifie l'annulation de toute autre dette de l'Allemagne au titre des réparations, et la libération des biens privés allemands.

12° L'Allemagne considère que ce plan ne peut être mis à exécution que si les sanctions sont abandonnées immédiatement, que si la production du Reich ne diminue pas davantage et que si la nation allemande peut de nouveau prendre part au trafic mondial.

Ces propositions montrent que l'Allemagne veut compenser les dommages causés par la guerre jusqu'à la limite de ses moyens. Le total et les moyens de paiement qu'elle propose dépendent de sa capacité. Comme beaucoup d'opinions existent à ce sujet, le Gouvernement allemand conseille la nomination d'une commission d'experts par tous les Gouvernements intéressés. Elle se déclare prête par avance à accepter toute décision émanant d'elle. Si le Gouvernement des Etats-Unis considère que les négociations seraient facilitées, si on donnait une forme nouvelle à ses propositions, le Gouvernement allemand lui serait reconnaissant d'attirer son attention sur les modifications qu'il jugerait nécessaires. Le Gouvernement allemand accepterait également volontiers, toutes les propositions que le Gouvernement des États-Unis désirerait faire.

Le Gouvernement allemand est trop fermement convaincu que la paix et le bonheur du monde sont au prix d'une solution rapide, juste et honnête, pour ne pas faire tout ce qui est en son pouvoir, pour permettre aux États-Unis d'attirer l'attention des Gouvernements alliés sur ce sujet.

Berlin, 24 avril 1921.

VI

La décision de la Commission des réparations.
(30 avril 1921.)

La Commission des réparations, en exécution des dispositions de l'article 233 du traité de Versailles, a décidé à l'unanimité de fixer à 132 milliards de marks-or le montant des dommages pour lesquels réparation est due par l'Allemagne, aux termes de l'article 232, 2e alinéa, et de l'annexe 1 à la partie VIII dudit traité.

En fixant ce chiffre, la Commission a effectué sur le montant des dommages les réductions nécessaires pour tenir compte des restitutions faites ou à faire en exécution de l'article 238, et par conséquent, aucun crédit ne sera dû à l'Allemagne du fait de ces restitutions.

La Commission n'a pas compris dans le chiffre ci-dessus la somme correspondant à l'obligation qui incombe en outre à l'Allemagne, en vertu du troisième alinéa de l'article 232, d' « effectuer le remboursement de toutes les sommes que la Belgique a empruntées aux gouvernements alliés et associés jusqu'au 11 novembre 1918, y compris l'intérêt à 5 p. 100 par an desdites sommes. »

VII

Le second ultimatum de Londres.

(5 mai 1921.)

Les puissances alliées constatant que, malgré les concessions successives faites par les Alliés depuis la signature du traité de Versailles, et en dépit des avertissements et des sanctions décidées à Spa et à Paris, comme des sanctions notifiées à Londres et appliquées depuis, le gouvernement allemand manque à remplir les obligations qui lui incombent, aux termes du traité de Versailles, en ce qui concerne :

1° Le désarmement ;

2° Le versement de 12 milliards de marks-or, échu le 1er mai 1921, aux termes de l'article 235 du traité, et que la Commission des réparations l'a déjà sommé de payer à cette date ;

3° Le jugement des coupables, dans les conditions où il a été à nouveau stipulé par les notes alliées des 13 février et 17 mai 1920 ;

4° Certaines autres questions importantes, et notamment celles que posent les articles 264 à 267, 269, 273, 321, 322 et 327 du traité.

Décident :

A. De procéder, dès aujourd'hui, à toutes mesures

préliminaires nécessaires à l'occupation de la vallée de la Ruhr par les forces alliées sur le Rhin, dans les conditions prévues au paragraphe *D*;

B. D'inviter, conformément à l'article 233 du traité, la Commission des réparations à notifier au gouvernement allemand, sans délai, les époques et les modalités de l'acquittement par l'Allemagne de l'intégralité de sa dette, et d'annoncer sa décision sur ce point au gouvernement allemand, le 6 mai, au plus tard.

C. De sommer le gouvernement allemand de déclarer catégoriquement, dans un délai de six jours à dater de la réception de la décision ci-dessus, sa résolution :

I) D'exécuter, sans réserves ni conditions, ses obligations telles qu'elles sont définies par la Commission des réparations;

II) D'accepter et de réaliser, sans réserves ni conditions, à l'égard de ses obligations, les garanties prescrites par la Commission des réparations;

III) D'exécuter, sans réserves ni retard, les mesures concernant le désarmement militaire, naval et aérien, notifiées au gouvernement allemand par les puissances alliées, par leur lettre du 29 janvier 1921, — les mesures d'exécution déjà venues à échéance étant complétées sans délai, les autres devant être réalisées aux dates fixées;

IV) De procéder, sans réserves ni retard, au jugement des criminels de guerre, ainsi qu'à l'exécution des autres parties du traité n'ayant pas encore reçu satisfaction, et dont il est question dans le premier paragraphe de la présente note;

D. De procéder, le 12 mai, à l'occupation de la vallée de la Ruhr et de prendre toutes autres mesures militaires et navales, faute par le gouvernement allemand d'avoir rempli les conditions ci-dessus.

Cette occupation durera aussi longtemps que l'Allemagne n'aura pas exécuté les conditions énumérées au paragraphe *C*.

LLOYD GEORGE, BRIAND,
COMTE SFORZA, JASPAR, HAYASHI.

Notification à l'Allemagne
de l'état et des garanties de payements de sa dette.

La Commission des réparations, dont les premiers délégués avaient été mandés à Londres par le conseil suprême, est rentrée hier jeudi, à sept heures du soir, à Paris, après avoir établi, en conformité des droits qu'elle tient du traité de Versailles et notamment de l'article 233, « l'état des payements, prescrivant les époques et les modalités pour garantir et éteindre l'entière obligation de l'Allemagne, au titre des réparations ». Les membres de la Commission se sont réunis en séance officieuse à 8 h. 1/2 pour mettre définitivement au point les textes préparés à Londres et établir une concordance absolue entre les versions anglaise et française. Ce travail achevé, le chef de la délégation allemande pour les charges de guerre (*Kriegslastenkommission*) a été convoqué. M. von Œrtzen, accompagné d'un interprète, a été reçu à 11 heures par la Commission, dont le président, M. Louis Dubois, lui a remis les textes anglais et français. Il s'est borné à répondre : « Je transmettrai ces documents à mon gouvernement le plus tôt possible. »

Voici, intégralement, le texte français de cette notification et de la lettre d'envoi :

LETTRE D'ENVOI

Paris, 6 mai 1921.

La commission des réparations
à la Kriegslastenkommission.

La commission des réparations a l'honneur de noti-

8

fier, par le document ci-joint, au gouvernement allemand, l'état des payements prescrivant les époques et les modalités pour garantir et éteindre l'entière obligation de l'Allemagne, au titre des réparations, conformément aux articles 231, 232, 233 du traité de Versailles.

LOUIS DUBOIS, SALVAGO RAGGI,
JOHN BRADBURY, LÉON DELACROIX.

ETAT DES PAYEMENTS PRESCRIVANT LES ÉPOQUES ET LES MODALITÉS POUR GARANTIR ET ÉTEINDRE L'ENTIÈRE OBLIGATION DE L'ALLEMAGNE AU TITRE DES RÉPARATIONS.

La Commission des réparations a, conformément à l'article 233 du traité de Versailles, fixé comme suit les époques et les modalités pour garantir et éteindre l'entière obligation de l'Allemagne au titre des réparations, telle qu'elle résulte des articles 231, 232 et 233 du traité.

Cette fixation est faite sans préjudice de l'obligation de l'Allemagne d'effectuer les restitutions prévues à l'article 238 ou de toutes autres obligations résultant du traité de Versailles.

ARTICLE PREMIER

L'Allemagne exécutera de la manière stipulée dans le présent document l'obligation qu'elle a de payer la somme totale fixée, conformément aux articles 231, 232 et 233 du traité de Versailles, par la commission, savoir : 132 milliards de marks-or.

On en déduira : *a*) le montant de la somme déjà versée au titre des réparations; *b*) les sommes qui peuvent être successivement portées au crédit de l'Allemagne en contre-partie des propriétés de l'empire et des Etats allemands situés dans les territoires cédés, etc.; *c*) toutes sommes reçues d'autres puissances ennemies ou ex-ennemies, qui pourront être portées, par décision de la Commission, au crédit de l'Allemagne.

On y ajoutera le montant de la dette belge envers les Alliés.

Les montants de ces déductions et de cette addition seront déterminés ultérieurement par la Commission.

ARTICLE II

L'Allemagne créera et remettra à la Commission, en remplacement des bons déjà remis ou susceptibles d'être remis en exécution du paragraphe 12 c) de l'Annexe II de la Partie VIII (réparations) du traité de Versailles, les obligations ci-après décrites :

A. — Obligations, pour un montant de 12 milliards de marks-or.

Ces obligations seront créées et remises au plus tard le 1er juillet 1921. Il sera prélevé annuellement, sur les fonds à fournir par l'Allemagne à partir du 1er mai 1921 en vertu du présent document, une somme égale à 6 p. 100 de la valeur nominale des obligations émises. Sur cette somme il sera prélevé la somme nécessaire pour payer un intérêt de 5 p. 100 l'an payable par semestre aux obligations encore en circulation. Le solde sera affecté à un fonds d'amortissement destiné au remboursement au pair des obligations par tirages annuels.

Ces obligations seront désignées dans le présent document sous le nom de « *Obligations des séries A* ».

B. — Obligations pour une nouvelle somme de 38 milliards de marks-or.

Ces obligations seront créées et remises le 1er novembre 1921 au plus tard. Il sera prélevé annuellement, sur les fonds à fournir par l'Allemagne à partir du 1er novembre 1921 en vertu du présent document, une somme égale à 6 p. 100 de la valeur nominale des obligations émises. Sur cette somme il sera prélevé la somme nécessaire pour payer un intérêt de 5 p. 100 l'an, payable par semestre aux obligations encore en circulation. Le solde sera affecté à un fonds d'amortissement destiné au remboursement au pair des obligations par tirages annuels.

Ces obligations seront désignées, dans le présent document, sous le nom de « *Obligations des séries B* ».

C. — Obligations pour un montant de 82 milliards de marks-or, montant sujet à tel ajustement ultérieur qui pourra être jugé nécessaire par application de l'article Ier ci-dessus, cet ajustement se faisant par la création ou l'annulation d'obligations.

Ces obligations seront créées et remises, sans coupons attachés, à la commission des réparations, le 1er novembre 1921 au plus tard; elles seront émises par la commission au fur et à mesure que celle-ci estimera que les versements que l'Allemagne est requise de faire en exécution du présent document sont suffisants pour assurer le service des intérêts et de l'armortissement desdites obligations. Il sera prélevé annuellement à partir de la date d'émission, par la Commission des réparations, sur les fonds à fournir par l'Allemagne, en vertu du présent document, une somme égale à 6 p. 100 de la valeur nominale des obligations émises. Sur cette somme, il sera prélevé la somme nécessaire pour payer un intérêt de 5 p. 100 l'an payable par semestre aux obligations encore en circulation. Le solde sera affecté à un fonds d'amortissement destiné au remboursement au pair des obligations par tirages annuels.

Le gouvernement allemand délivrera à la Commission des feuilles de coupons pour lesdites obligations au fur et à mesure de leur émission par la commission.

Ces obligations seront désignées dans le présent document sous le nom de « *Obligations des séries C* ».

ARTICLE III

Les obligations prévues à l'article II seront au porteur et signées par le gouvernement allemand. Elles seront établies en telle forme et coupures que prescrira la Commission à l'effet de les rendre négociables. Elles seront exemptes de toutes taxes ou impôts allemands, de quelque nature que ce soit, présents ou futurs.

Sous réserve des dispositions des articles 248 et 251 du traité de Versailles, ces obligations seront garanties par l'ensemble des revenus et ressources de l'Empire et des Etats allemands, et, en particulier, par les revenus et ressources spécifiés à l'article VII du présent document.

Les obligations des séries A, B et C jouiront respectivement les unes vis-à-vis des autres, sur lesdits revenus et ressources, d'un privilège de premier, deuxième et troisième rang.

Le service de ces obligations sera assuré au moyen des payements à effectuer par l'Allemagne en vertu du présent document.

ARTICLE IV

L'Allemagne payera chaque année, jusqu'à ce que les obligations prévues à l'article II ci-dessus aient été amorties par le jeu du fonds d'armortissement, les sommes suivantes :

1° Une somme de 2 milliards de marks-or ;

2° *a*) Une somme que la commission déterminera comme étant l'équivalent de 25 p. 100 de la valeur des exportations allemandes pendant chaque période de 12 mois, à partir du 1er mai 1921, ou bien :

b) Telle autre somme équivalente, qui pourrait être fixée d'après un autre indice à proposer par l'Allemagne et qui serait agréée par la Commission ;

3° Une somme supplémentaire équivalente à 1 p. 100 de la valeur totale des exportations allemandes déterminée comme il est dit ci-dessus, ou telle autre somme équivalente qui pourra être fixée comme il est dit à l'alinéa *b*) ci-dessus.

Toutefois lorsque l'Allemagne aura rempli toutes les obligations qui lui incombent en vertu du présent document, autres que celles qui concernent les obligations en circulation, le montant à payer chaque année en vertu du présent paragraphe sera réduit à la somme nécessaire au cours de ladite année pour faire le service des intérêts et de l'amortissement des obligations restant en circulation.

Sous réserve des stipulations de l'article V, les payements prévus sous l'alinéa premier ci-dessus devront être faits trimestriellement par quart, c'est-à-dire les 15 janvier, 15 avril, 15 juillet, 15 octobre de chaque année au plus tard.

Les payements prévus aux alinéas 2° et 3° ci-dessus devront être faits trimestriellement par quart, les 15 février, 15 mai, 15 août et 15 novembre au plus tard, et calculés sur la base des exportations de l'avant-dernier trimestre, le premier payement devant être fait le 15 novembre 1921 au plus tard et calculé sur la base des exportations pendant le trimestre se terminant le 31 juillet 1921.

ARTICLE V

L'Allemagne payera, dans les 25 jours de la notification du présent document, la somme de 1 milliard de marks-or, en or, ou en devises étrangères approuvées par la Commission, ou en traites sur l'étranger approuvées par la Commission, ou en effets à trois mois sur le Trésor allemand avalisés par des banques allemandes agréées, ces traites et effets payables en francs à Paris, en livres à Londres, en dollars à

New-York, ou en toute autre monnaie sur toute autre place que la commission désignera. Ces payements seront considérés comme les deux premiers versements trimestriels à valoir sur les versements prévus pour satisfaire aux prescriptions de l'article IV, 1°.

ARTICLE VI

Dans les 25 jours qui suivront la notification du présent document, en accord avec le paragraphe 12 *bis* de l'annexe II du traité, amendée, la commission des réparations constituera la sous-commission spéciale appelée « *Comité des garanties* ».

Le comité des garanties sera composé de représentants des puissances alliées actuellement représentées à la Commission des réparations, et comprenant un représentant des Etats-Unis d'Amérique au cas où ce gouvernement désirerait en désigner un.

Ce comité devra s'adjoindre par cooptation trois représentants au plus des ressortissants des autres puissances, dès qu'il apparaîtra à la Commission que des obligations émises en vertu du présent document sont entre les mains de ressortissants desdites puissances en quantité suffisante pour justifier la représentation de ces ressortissants dans le comité des garanties.

ARTICLE VII

Le comité des garanties sera chargé d'assurer l'application des articles 241 et 248 du traité de Versailles.

Il aura qualité pour surveiller l'application au service des obligations prévues à l'article II des fonds qui leur sont affectés comme garantie pour les payements à faire par l'Allemagne, conformément à l'article IV. Ces fonds seront les suivants :

a) Le produit de tous les droits des douanes maritimes et terrestres, spécialement des droits à l'importation et à l'exportation ;

b) Le produit d'un prélèvement de 25 p. 100 sur la valeur de toutes les exportations de l'Allemagne, à l'exception des exportations auxquelles s'applique, en vertu de la législation visée à l'article IX ci-après, un prélèvement d'au moins 25 p. 100 ;

c) Le produit des taxes ou impôts directs ou indirects ou de toutes autres ressources qui seraient proposées par le gouvernement allemand et acceptées par le comité des garanties, pour parfaire ou pour remplacer les fonds spécifiés aux alinéas *a*) et *b*) ci-dessus.

Le gouvernement allemand versera, en or ou en monnaies étrangères approuvées par le comité, à des comptes à ouvrir au nom dudit comité et surveillé par lui, tous les fonds affectés au service des obligations.

L'équivalent des 25 p. 100 visés à l'alinéa *b* sera versé à l'exportateur en monnaie allemande par le gouvernement allemand.

Le gouvernement allemand devra notifier au comité des garanties tout projet qui pourrait tendre à diminuer le produit des ressources affectées, et, si en raison d'un semblable projet le comité le demande, il devra y substituer d'autres ressources agréées par le comité.

Le comité des garanties sera chargé en outre de procéder, au nom de la Commission, à l'examen prévu par le paragraphe 12 b de l'Annexe II de la Partie VIII du traité de Versailles. Il sera chargé de vérifier, au nom de la dite commission, et, s'il est nécessaire, de rectifier le montant déclaré par le gouvernement allemand comme valeur des exportations allemandes en vue du calcul de la somme payable dans le courant de chaque année ou de chaque trimestre ; en vertu de l'article IV, 2°, il vérifiera et rectifiera, au besoin, au nom de ladite commission, le montant des ressources affectées en vertu du présent article au service des obligations.

Il aura également le droit de prendre toutes mesures jugées nécessaires pour assurer l'accomplissement régulier de sa tâche.

Le comité des garanties n'est pas autorisé à s'ingérer dans l'administration allemande.

ARTICLE VIII

Conformément au 2° alinéa du paragraphe 19 de l'annexe II amendée, l'Allemagne, avec l'approbation préalable de la commission, fournira immédiatement, sur demandes de chacune des puissances alliées, les matériaux et la main-d'œuvre dont celles-ci auront besoin soit pour la restauration de leurs régions dévastées, soit pour leur permettre de rétablir ou de développer leur vie industrielle ou économique. La valeur de ces matériaux et de cette main-d'œuvre sera fixée, dans chaque cas, par deux experts désignés, l'un par l'Allemagne, l'autre par la puissance intéressée, et, à défaut d'accord entre eux, par un arbitre désigné par la Commission des réparations.

Cette disposition ne s'applique pas à l'évaluation des livraisons faites conformément aux annexes III, IV, V et VI de la section I de la partie VIII du traité de Versailles.

ARTICLE IX

L'Allemagne prendra toutes mesures législatives ou administratives nécessaires pour faciliter la mise en œuvre de la loi de 1921 en vigueur dans le Royaume-Uni sur les réparations allemandes (German Reparation (Recovery) act 1921) ou toute autre législation analogue édictée par les autres puissances alliées, et tant que ces législations resteront en vigueur. Les payements effectués en vertu de ces législations seront portés au crédit de l'Allemagne à valoir sur les versements qu'elle doit effectuer en vertu de l'article IV, 2°, du présent document.

La contre-valeur en monnaie allemande sera payée à l'exportateur par le gouvernement allemand.

ARTICLE X

Le montant de tous payements sous forme de prestations ou livraisons en nature et de toutes recettes effectuées en vertu de l'article IX ci-dessus sera versé à la Commission par la puissance alliée bénéficiaire, en espèces ou en coupons échus ou à échoir à la prochaine échéance, dans un délai d'un mois à dater de la réception; ce montant sera porté au crédit de l'Allemagne à valoir sur les payements qu'elle doit faire en vertu de l'article IV.

ARTICLE XI

La somme payable en vertu de l'article IV, 3°, ainsi que tout excédent des recettes effectuées chaque année par la Commission en vertu de l'article IV, 1° et 2°, qui ne serait pas nécessaire pour le service des intérêts et de l'amortissement des obligations en circulation au cours de ladite année, seront capitalisés et appliqués par la Commission jusqu'à concurrence de leur montant et à telle époque que celle-ci jugera convenable, au payement d'un intérêt simple sur le solde de la dette non couverte à ce moment par les obligations émises. Cet intérêt ne dépassera pas 2 1/2 p. 100 par an à partir du 1er mai 1921 jusqu'au 1er mai 1926, et ensuite 5 p. 100.

L'intérêt de ce solde de la dette ne sera pas cumulatif, et aucun autre intérêt sur ce solde ne pourra être payé autrement que comme il est prévu dans le présent article.

ARTICLE XII

Il n'est apporté par les présentes aucune modification aux dispositions garantissant l'exécution du traité de Versailles. Ces dispositions sont applicables aux stipulations du présent document.

VIII

Accord de Wiesbaden.

(6 octobre 1921.)

A. — *L'accord.*

Le gouvernement allemand a manifesté sa volonté expresse de collaborer à la reconstruction des régions dévastées par des livraisons de matériel et de matériaux, dans la plus large mesure possible.

Le gouvernement français a pris note de cette déclaration, tout en faisant remarquer que la loi du 17 avril 1919, relative à la réparation des dommages de guerre, ne lui permet pas d'imposer aux sinistrés français un emploi déterminé de leurs titres et que, par suite, le présent mémorandum ne saurait porter novation à la loi.

En conséquence, il a été convenu ce qui suit :

ARTICLE PREMIER

Il sera constitué, en Allemagne, un organisme de droit privé, chargé d'effectuer les livraisons de matériel et de matériaux qui pourraient être demandés par les sinistrés français constitués en groupements, dans des formes à déterminer ultérieurement par les soins du gouvernement français. L'annexe jointe au présent mémorandum fixe les règles auxquelles ces organismes devront se conformer en ce qui concerne la fixation des prix et le mode de règlement des marchandises.

ART. 2.

Le gouvernement allemand expose que dans le cas où, contrairement à la thèse qu'il a soutenue devant le comité des garanties, la Commission des réparations déciderait que les livraisons effectuées en exécution des obligations contractées dans la partie VIII du traité de Versailles doivent être comprises parmi les exportations visées aux articles 4 et 7 de l'état des payements, il ne lui sera possible d'exécuter les stipulations du présent mémorandum et de son annexe que si les dispositions des articles 6 et 7 de l'état des payements sont appliquées aux livraisons qui font l'objet dudit mémorandum avec le tempérament suivant pour l'année de livraison : les 26 p. 100 de l'article 4 et les 25 p. 100 de l'article 7 ne seront exigibles que sur la partie de la valeur des livraisons qui servira effectivement à l'acquittement de l'annuité due par l'Allemagne ladite année. Le surplus sera reporté pour être payé par l'Allemagne, chaque année, à partir du 1er mai 1926, à raison de respectivement 26 p. 100 et 25 p. 100 des remboursements effectués ladite année au titre desdites livraisons.

En d'autres termes, les livraisons effectuées en application des dispositions du présent mémorandum ne seraient comprises, chaque année, dans le total des exportations allemandes pour l'exécution des articles 4 et 7 de l'état des payements qu'au fur et à mesure de leur payement.

Cette question, étant de la compétence exclusive de la Commission des réparations et du comité de garanties, devra leur être soumise par le gouvernement allemand. Le gouvernement français appuiera auprès de ces deux organismes la demande du gouvernement allemand.

ART. 3.

Le gouvernement français proposera à l'acceptation de la Commission des réparations les autres dispositions du présent mémorandum et de son annexe qui pourraient la concerner.

ART. 4.

Les prestations prévues aux annexes 3, 5 et 6 à la partie VIII du traité de Versailles continueront à être effectuées conformément à la procédure fixée par le traité.

Le gouvernement français déclare qu'il est disposé à accepter, en ce qui le concerne, que la procédure prévue au présent mémorandum et à son annexe, par analogie avec les dispositions de l'article 8 de l'état des payements, soit appliquée pour autant qu'elle permettra d'assurer dans de bonnes conditions les livraisons de matériel et de matériaux demandés pour la reconstruction des régions dévastées et réserves faites des commandes fermes passées au titre de l'annexe 4 avant la signature du présent document, lesquelles continueront à s'exécuter conformément à la procédure de l'annexe 4. Il se réserve, toutefois, de revenir à ladite procédure, s'il le juge utile, avec un préavis d'un an.

Moyennant également un préavis d'un an, mais qui ne pourra être notifié au gouvernement français avant le 1er mai 1923, le gouvernement allemand pourra dénoncer les arrangements intervenus en vertu du présent mémorandum, en vue de revenir à la procédure de l'annexe 4 et de l'article 8 de l'état des payements.

Dans le cas où, sur l'initiative de l'un ou l'autre

gouvernement, il serait recouru à la procédure de l'annexe 4 et de l'article 8 de l'état des payements, le gouvernement allemand renonce à invoquer une prescription quelconque au point de vue du mémorandum et de son annexe.

En raison des délais courus pendant la période d'application du présent mémorandum, les dispositions de l'article 8 de l'état des payements qui ne concernent pas la restauration des régions dévastées ne sont pas touchées par le présent mémorandum et son annexe.

ART. 5.

Le gouvernement français et le gouvernement allemand s'engagent à prendre les mesures nécessaires en vue d'exonérer les organismes dont la constitution est prévue par le paragraphe 1 du présent mémorandum, des droits de timbre et d'enregistrement, et en général de tout droit analogue qui pourraient éventuellement être exigible à raison des actes qu'ils auront à passer entre eux en exécution de l'annexe ci-jointe.

ART. 6.

Le gouvernement français s'engage à prendre les dispositions nécessaires pour que la fourniture de matériel et de matériaux effectuée en exécution du présent mémorandum et de son annexe ne soit appliquée qu'à la reconstruction des régions dévastées.

ART. 7.

L'application, le cas échéant, du paragraphe 18 de l'annexe 2 à la partie VIII du traité de Versailles ne pourra pas mettre obstacle à l'inscription au crédit de l'Allemgane dans la forme prévue par l'article 6 de l'annexe au présent mémorandum des sommes dues par F (France) à A (Allemagne). De même les stocks de marchandises que l'organisme privé, mentionné à l'article 1er, aurait approvisionnés en France, en vue de fournitures éventuelles, et les fonds que cet organisme aurait constitués en vue de l'exécution des dispositions de l'annexe au présent mémorandum ne pourront être saisis en vertu du paragraphe 18 précité.

En résumé, les sinistrés français conservent la liberté de ne pas acheter matériel et matériaux en Allemagne s'ils préfèrent s'adresser ailleurs ; l'accord, pour la France, a donc un caractère facultatif.

Pour ce qui concerne la perception de la taxe de 26 p. 100 sur le montant des exportations allemandes qui constitue l'annuité variable due par l'Allemagne en vertu de l'état des payements, l'accord tient compte de ce fait qu'il ne serait pas juste que l'Allemagne subît ce prélèvement même pour celles de ses exportations qui auront le caractère d'une avance faite à la France. Aussi est-il décidé que le prélèvement de 26 p. 100 ne sera effectué chaque année que sur la partie des livraisons en nature servant effectivement au payement de l'annuité due pour cette année.

ANNEXE N° 1

L'annexe n° 1 au mémorandum précise les modalités de fonctionnement du système, tant en ce qui concerne les livraisons qu'en ce qui regarde les payements. En voici les articles essentiels, où X représente la collectivité des sinistrés français et Y l'organisme allemand de réception des commandes et de livraison :

ARTICLE PREMIER

Y s'engage à faire à X, si ce dernier le lui demande, toutes livraisons de matériel et matériaux qui seront compatibles avec les possibilités de production de l'Allemagne, avec les conditions de son approvisionnement en matières premières et avec ses nécessités intérieures, autant que cela sera nécessaire au maintien de sa vie sociale et économique, et cela à partir du 1er octobre 1921.

Toutefois sont exclus du présent contrat les produits spécifiés aux annexes 3, 5 et 6 à la partie VIII du traité de Versailles.

La valeur cumulée des prestations que l'Allemagne fournira à la France en exécution des annexes 3, 5 et 6, ainsi que des livraisons qui seront faites par Y à X en exécution du présent contrat n'excédera pas 7 milliards de marks-or pendant la période du 1er octobre 1921 au 1er mai 1926.

Les articles 2 et 3 déterminent les conditions de livraison.

ART. 4.

Les prix du matériel courant et des objets en série seront déterminés par la commission d'arbitrage et appliqués aux commandes de Y à X, sauf dans le cas où une entente directe serait intervenue entre les deux parties.

ART. 5.

Les prix du matériel spécial, tel que machines ou installations industrielles, seront convenus par entente directe entre les demandeurs et les fournisseurs.

Y déclare connaître les dispositions de l'état des payements notifié au gouvernement allemand par la Commission des réparations le 5 mai 1921 et accepte de se considérer sur avis de X comme payé à due concurrence et à valoir sur les remboursements de l'année correspondante par l'inscription d'une somme quelconque au crédit de l'Allemagne et au débit de la France dans les comptes de la Commission des réparations.

Dans ce cas la simple notification faite par la Commission des réparations au gouvernement allemand et l'inscription au crédit de l'Allemagne de la somme visée vaudront décharge de X par rapport à Y à due concurrence.

Les articles 6 et 7 établissent de quelle manière X remboursera Y pour les livraisons avancées, les sommes inscrites au crédit de l'Allemagne et au débit de la France dans les comptes de la Commission des réparations, et ainsi remboursées devront s'élever à un minimum de 35 p. 100 de la valeur des livraisons effectuées par l'Allemagne. Les sommes dues par la France porteront intérêt simple à 5 p. 100.

ART. 8.

L'addition de la valeur des prestations en nature et des crédits qui seront donnés par Y à X dans la forme prévue à l'article 6 ne devra pas dépasser 1 milliard de marks-or par an.

ART. 9.

Le 1er mai 1936, on fera le compte des sommes restant dues à Y en raison des livraisons en nature effectuées depuis le 1er octobre 1921 et pour lesquelles il ne lui aura pas été donné crédit. Le solde sera remboursé à Y avec les intérêts composés à 5 p. 100 en quatre semestrialités, les 30 juin et 31 décembre 1936 et 1937, sous réserves des dispositions de l'article 11 ci-après.

ART. 11.

Les règlements que Y devra effectuer chaque année à X en application du présent contrat ne dépasseront jamais ce montant, même si, en ajoutant ce montant aux règlements faits la même année par le gouvernement français en contre-partie des prestations reçues par la France au titre des annexes 3, 5 et 6 à la partie VIII du traité de Versailles, on obtient un total supérieur à la part de la France (52 p. 100) dans les versements effectués par l'Allemagne ou à son profit ladite année en payement de sa dette de l'année, telle que la définit l'article 4 de l'état des payements.

A partir du 1er mai 1936, Y pourra ne pas livrer les produits qui lui seront demandés par X lorsque l'exécution de ces livraisons porterait les obligations de X de donner crédit à Y à un montant dépassant pour une année la limite fixée par le présent article.

B. — *Annexe à l'accord de Wiesbaden.*

Entre F d'une part,
Et A d'autre part,
Il a été convenu ce qui suit :

ARTICLE PREMIER

A s'engage à faire à F, si ce dernier le lui demande, toutes livraisons de matériel et matériaux qui seront compatibles avec les possibilités de production de l'Allemagne, avec les conditions de son approvisionnement en matières premières et avec ses nécessités intérieures autant que cela sera nécessaire au maintien de sa vie sociale et économique, et cela à dater de la signature du protocole auquel est annexé le présent contrat.

Toutefois, sont exclus du présent contrat les produits spécifiés aux annexes III, V et VI à la partie VIII du traité de Versailles.

La valeur cumulée des prestations que l'Allemagne fournira à la France en exécution des annexes III, V et VI, et des livraisons qui seront faites par A à F en exécution du présent contrat, n'excédera pas sept milliards de marks-or pendant la période du 1er octobre 1921 au 1er mai 1926.

Art. 2.

Il sera constitué, dès la signature du présent contrat, une commission composée de trois membres, dont un Français et un Allemand, que F et A demanderont à leurs gouvernements respectifs de désigner, et d'une troisième personne choisie d'un commun accord par les deux gouvernements et dont le mandat sera limité à une durée d'un an. S'il n'y a pas accord sur le choix de cette troisième personne, la désignation en sera demandée au président en exercice de la Confédération helvétique. La commission pourra s'adjoindre à titre consultatif tels experts qu'elle jugera utiles.

Les frais de la commission et de ses services seront payés par A, mais débités à F à concurrence de 50 p. 100.

La commission arbitrera toute contestation qui pourrait survenir entre les deux parties sur l'équitable possibilité pour A de satisfaire aux demandes de F, en tenant compte notamment des dispositions de l'article premier.

Elle statuera sur toutes questions de prix, dans les conditions fixées par les articles 4 et 5 du présent contrat.

Elle tranchera tous différends qui pourraient survenir entre F et A, relatifs notamment aux conditions de transport, de livraison et de réception, etc., et d'une manière générale à l'interprétation du présent contrat.

Les décisions de la commission seront rendues à titre définitif.

Art. 3.

Les produits seront de qualité loyale et marchande,

et conformes aux dispositions des cahiers des charges ayant servi de base aux commandes, préparés dans les conditions et sous les réserves stipulées aux articles premier et 3.

Sauf accords particuliers, les transports seront effectués par le mode de transport et suivant l'itinéraire qui seraient normalement adoptés comme les plus avantageux par l'expéditeur, si celui-ci avait à sa charge les frais de transport de bout en bout.

Les conditions de transport, livraison, réception, etc., seront conformes aux usages commerciaux.

Art. 4.

Les prix du matériel courant et des objets en série seront déterminés par la commission d'arbitrage d'après les principes suivants ; ils ne seront toutefois appliqués aux commandes de F à A que dans les cas où une entente directe ne serait pas intervenue entre les deux parties :

Pour chaque nature et qualité de produits, la commission fixera tout d'abord l'équivalent en marks-or du prix français d'avant-guerre (premier semestre 1914), au pair de 1 fr. 235 par mark-or.

Elle déterminera ensuite, au début de chaque trimestre du calendrier et pour le trimestre, un coefficient applicable aux dites nature et qualité de produits et qui pourra varier d'une nature ou qualité de produit à l'autre. Ce coefficient sera tel qu'en l'appliquant aux prix en marks-or définis au paragraphe précédent, et en convertissant en francs le résultat obtenu, on obtienne une valeur égale aux prix normalement pratiqués à l'origine du trimestre, sur le marché intérieur français, pour les produits de nature et de qualité analogues, sous déduction : *a*) des droits de douane, *b*) des frais de transport.

La conversion en francs pour ce dernier calcul sera faite sur la base de la moyenne des cours officiels du dollar-or à la Bourse de Paris, pendant les quinze jours précédant l'origine du trimestre.

Les droits de douane à déduire seront déterminés en multipliant par le coefficient visé ci-dessus les droits applicables en France à la date du 1er juillet 1914 à la nature et qualité du produit envisagé en provenance d'Allemagne. Toutefois, la déduction ne devra pas dépasser le montant des droits en vigueur à l'origine du trimestre, pour la marchandise envisagée en provenance d'Allemagne.

Les frais de transport à déduire seront établis forfaitairement sur la base des tarifs normalement appliqués sur les chemins de fer à l'origine du trimestre, et pour la distance Aix-la-Chapelle-Saint-Quentin.

Les prix en marks-or, résultant de l'application aux prix en marks-or de 1914 des coefficients déterminés comme il vient d'être dit, s'entendent gare frontière germano-belge ou franco-allemande, ou port du nord de la France, jusques et y compris les ports de l'estuaire de la Seine.

Ils vaudront pour toutes les commandes passées au cours du trimestre pour lequel ils auront été établis.

Leur revision pour chaque trimestre sera effectuée en temps utile, et de manière à ne pas retarder la passation des commandes.

La première série des prix sera autant que possible établie avant le 1er octobre 1921, pour être appliquée aux commandes du dernier trimestre 1921 ; elle pourra être complétée rétroactivement s'il est nécessaire.

Dans le cas où les prix déterminés comme ci-dessus seraient inférieurs de plus de 5 p. 100 aux prix pratiqués en Allemagne pour les mêmes produits, A aurait le droit de ne pas effectuer la livraison demandée. Toutefois, dans les espèces qui lui seront soumises par F, la commission mentionnée à l'article 2 décidera si les produits demandés ne peuvent être effectivement obtenus en Allemagne qu'à des prix supérieurs de plus de 5 p. 100 à ceux qui auront été arrêtés dans les conditions fixées par le présent article. Il est en outre stipulé que la valeur des fournitures dont le prix serait ainsi inférieur aux prix pratiqués en Allemagne, ne pourra dépasser 5 p. 100 de la valeur des livraisons effectuées pendant l'année considérée.

ART. 5.

Les prix du matériel spécial, tel que machines ou installations industrielles, seront convenus par entente directe entre les demandeurs et les fournisseurs.

Dans le cas où, en ce qui concerne tel matériel spécial qui, en application de l'annexe IV, aurait été compris dans les listes remises à l'Allemagne, l'entente directe ci-dessus n'aura pas été réalisée, le gouvernement français pourra réclamer la livraison par l'intermédiaire de la Commission des réparations, conformément à la procédure de l'annexe IV.

ART. 6.

A déclare connaître les dispositions de l'état des payements notifié au gouvernement allemand par la Commission des réparations, le 5 mai 1921, et accepte de se considérer, sur avis de F, comme payé à due concurrence et à valoir sur les remboursements de l'année correspondante, par l'inscription d'une somme quelconque au crédit de l'Allemagne et au débit de la France dans les comptes de la Commission des réparations. Dans ce cas, la simple notification faite par la Commission des réparations au gouvernement allemand de l'inscription au crédit de l'Allemagne de la somme visée vaudra décharge de F par rapport à A, à due concurrence.

Art. 7.

Le règlement des livraisons faites par F à A sera effectué dans les conditions suivantes :

1° F donnera crédit à A d'un montant égal à 35 p.100 de la valeur de celles effectuées au cours d'un mois dans la forme prévue à l'article 6 ci-dessus, sous réserve des dispositions des paragraphes 3° et 4° du présent article et de l'article 11 ci-après ;

2° Si au cours d'une année quelconque, à partir du 1er mai 1922, la valeur des livraisons effectuées par A à F, en vertu des dispositions du présent contrat, est inférieure à un milliard de marks-or, le pourcentage prévu au 1° ci-dessus, des crédits à donner par F à A, sera élevé à 45 p. 100.

3° Le total cumulé des crédits annuels ainsi donnés et des crédits annuels donnés par le gouvernement français, en contre-partie des prestations reçues par la France au titre des annexes III, V et VI à la partie VIII du traité de Versailles, ne dépassera pas un milliard de marks-or.

Si la valeur des prestations reçues par la France en exécution des annexes III, V et VI du traité, atteint ou dépasse un milliard de marks-or, au cours d'une année quelconque entre le 1er mai 1922 et le 1er mai 1926, aucun crédit ne devra être donné pendant l'année correspondante, par F à A, au titre des livraisons faites par ce dernier ;

4° Les sommes dues par F porteront intérêt simple à 5 p. 100 l'an à partir du début du mois qui suivra celui de la livraison ; la partie de ces sommes pour lesquelles le règlement prévu par les paragraphes 1° et 2° ci-dessus n'aurait pas été effectué sera remboursable par F, dans les conditions fixées par les articles 8 à 11 ci-après, à partir du 1er mai 1926, et à raison de 10 p. 100 par an, plus les intérêts simples échus chaque année ;

5° Les livraisons qui, nonobstant les dispositions de l'article premier, auraient été effectuées entre le 1er octobre 1921 et le 1er mai 1926 au delà d'une valeur totale de sept milliards de marks-or, seront, dans le délai de trois mois, à partir du 1er mai 1926, payées à A dans la forme prévue à l'art. 6 ci-dessus.

ART. 8.

L'addition de la valeur des prestations en nature et des crédits qui seront donnés par F à A dans la forme prévue à l'art. 6 ne devra pas dépasser un milliard de marks-or par an.

La réserve inscrite à l'art. 11 s'applique au paragraphe ci-dessus.

Le 1er mai 1936, on fera le compte des sommes restant dues à A, en raison des livraisons en nature effectuées depuis le 1er octobre 1921, pour lesquelles il ne lui aura pas été donné crédit ; le solde sera remboursé à A, avec les intérêts composés à 5 p. 100, en quatre semestrialités, les 30 juin et 31 décembre 1936, les 30 juin et 31 décembre 1937, sous réserve des dispositions de l'art. 11 ci-après.

ART. 10.

Le compte débit de A portera intérêts simples à 5 p. 100 l'an comme son compte crédit.

Dans le cas où des règlements auraient été effectués par F en excédent des limites fixées aux articles 7, 8 et 11, l'excédent sera déduit des règlements à effectuer par F à A au cours de l'année suivante.

Au cas où la valeur à mettre en compte en vertu des dispositions du présent contrat pour les livraisons effectuées au cours d'une année quelconque entre le 1er mai 1926 et le 1er mai 1936, cumulée avec les annuités de remboursement à payer pendant la même période, atteindrait un montant supérieur à un milliard de marks-or, l'excédent sera reporté successivement sur chacune des années suivantes et réglé au cours de ces années dans la mesure où la valeur à mettre en compte pour les livraisons effectuées pendant l'une d'elles, cumulée avec l'annuité due, serait inférieure à un milliard.

Les dispositions ci-dessus sont soumises toutefois à la réserve inscrite à l'art. 11 ci-après.

ART. 11.

Les règlements que F devra effectuer chaque année à A, en application du présent contrat, ne dépasseront jamais un montant tel qu'en ajoutant ce montant aux règlements faits la même année par le gouvernement français, en contre-partie des prestations reçues par la France au titre des annexes III, V et VI à la partie VIII du traité de Versailles, on obtienne un total supérieur à la part de la France (52 p. 100) dans les versements effectués par l'Allemagne ou à son profit la dite année, en payement de sa dette de l'année, telle que la définit l'art. 4 de l'état des payements.

A partir du 1er mai 1936, A pourra ne pas effectuer les nouvelles livraisons qui lui seront demandées par F dans le cas où l'exécution de ces livraisons aurait pour effet de porter le crédit dû par F à A à un montant dépassant pour une année la limite fixée par le présent article.

ART. 12.

F pourra à tout moment se libérer par anticipation.

C. — *Décision de la Commission des réparations, après examen de l'accord franco-allemand du 6 octobre 1921* (20 octobre 1921).

Le gouvernement français, ayant soumis à la Commission des réparations, conformément au § 3 du mémorandum annexe, l'accord signé par les représentants des gouvernements français et allemand le 6 octobre à Wiesbaden, la commission a conclu de la manière suivante :

1° Elle approuve entièrement les principes fondamentaux de l'accord, qui permettent, par des arrangements spéciaux, à l'Allemagne de se libérer dans les plus larges proportions possibles de sa dette par des paiements en nature, principalement afin de hâter la reconstruction des régions dévastées.

2° Elle considère également que cet accord diffère en certains points des dispositions de la partie VIII du traité de Versailles, en particulier de l'article 237, des § 12 et 13 de l'annexe II et du § 5 de l'annexe IV.

3° Comme la commission n'est pas qualifiée pour autoriser de telles dérogations, elle décide de soumettre, avec avis favorable, la question aux gouvernements représentés à la commission.

4° La commission recommande que des facilités raisonnables soient accordées à la France, sous garantie des droits des divers gouvernements, en raison de la valeur exceptionnelle qu'atteindront, si les accords sont exécutés, les livraisons en nature, au cours des prochaines années.

D. — *Conclusions du rapport de sir John Bradbury au gouvernement britannique* (26 octobre).

Les garanties considérées comme nécessaires par mes collègues italiens et belges de la Commission des réparations et moi-même, sont les suivantes :

1° Une limite de temps doit être fixée à l'expiration de laquelle aucun ajournement de la dette ne sera autorisé, et la liquidation de la portion ajournée doit commencer par le paiement d'annuités régulières.

La longueur de cette période doit être déterminée selon le temps qui sera jugé nécessaire pour exécuter la reconstruction, eu égard au délai nécessaire à l'Allemagne pour effectuer les prestations convenues. En raison des délais qu'impliquent inévitablement des opérations de l'importance de celles que prévoit l'accord, la période prescrite pourrait être comprise entre des durées de 4 ans et demi et de 7 ans.

2° En aucune circonstance, les sommes totales dues à la France à l'heure actuelle ne devront dépasser le montant indiqué de 4 milliards de marks-or.

3° Des dispositions doivent être prises pour assurer le paiement par la France, au compte général des réparations, des sommes qui peuvent être nécessaires pour permettre aux autres alliés de recevoir les parts auxquelles ils ont droit en raison de l'État de Paiement.

Sous réserve de ces garanties, les arrangements prévus par l'accord peuvent hâter la solution pratique du problème des réparations d'une manière favorable à la France, sans nuire aux intérêts des autres puissances. C'est pour cela que la Commission des réparations l'a soumis à l'examen des Gouvernements alliés en donnant un avis favorable.

Si les Alliés approuvent les lignes générales de l'accord sous certaines conditions, la Commission des réparations aura encore à considérer certains points tels que :

1° L'omission proposée de l'excédent des livraisons sur le chiffre des annuités établi par l'État de Paiement jusqu'à ce que ces livraisons soient portées au compte des réparations.

2° Les arrangements spéciaux relatifs à la substitution de certains objets aux articles que la France peut se faire restituer.

3° Les arrangements spéciaux relatifs aux livraisons de charbon et à leurs prix, qui, par certains points, portent atteinte aux intérêts des autres puissances.

A. — Tableau des dettes intergouvernementales.

A. Avances consenties par le gouvernement des États-Unis aux autres gouvernements.
(Situation en juillet 1921.)

	Crédits consentis pour les emprunts de la Liberté.	Excédent des ventes de matériel de guerre.	Fonds de secours alimentaire.	Corporation des Céréales.	Intérêt non payé en janvier 1921.	Obligations totales.
	£	£	£	£	£	£
Arménie	»	»	8.028.412 15	3.931.505 21	»	11.959.917 49
Autriche	»	»	»	24.055.708 92	»	24.055.708 92
Belgique	347.691.566 23	27.588.581 11	»	»	34.000.000	409.280.147 37
Cuba	9.025.500 00	»	»	»	»	9.625.500 00
Tchéco-Slovaquie	61.256.206 74	20.621.994 51	6.428.089 19	2.873.238 25	6.000.000	97.179.528 72
Esthonie	»	12.213.377 88	1.785.767 72	»	»	13.999.145 60
Finlande	»	»	8.281.926 17	»	»	8.281.926 17
France	2.950.762.938 19	400.000.000 00	»	»	284.000.000	3.634.762.238 19
Angleterre	4.166.318.358 44	»	»	»	407.000.000	4.573.318.358 44
Grèce	15.000.000 00	»	»	»	»	15.000.000 00
Hongrie	»	»	»	1.685.885 61	»	1.685.835 00
Italie	1.648.034.050 90	»	»	»	161.000.000	1.809.034.005 90
Lettonie	»	2.521.869 32	2.610.417 82	»	»	5.132.287 14
Liberia	26.000 00	»	»	»	»	26.000 00
Lithuanie	»	4.159.491 96	822.136 07	»	»	4.981.628 03
Pologne	»	59.636.320 25	51.671.749 36	24.453.590 97	»	135.661.660 58
Roumanie	23.205.819 52	12.922.675 42	»	»	2.500.000	38.628.494 24
Russie	187.329.250 00	406.082 30	4.465.465 07	»	19.000.000	211.601.297 37
Serbie	26.175.139 22	24.978.020 29	»	»	3.500.000	54.653.160 21
Totaux	9.435.225.329 24	565.048.413 80	84.093.963 55	56.899.879 09	943.500.000	11.084.767.585 68

B. *Avances consenties par le gouvernement britannique aux autres gouvernements.*
(*Situation au 1er mars 1921.*)

	Livres Sterling.	Livres Sterling.
Gouvernements alliés (1) :		
France	557.039.507 0 8	
Russie	561.402.234 18 5	
Italie	476.850.000 0 0	
Belgique	103.421.192 8 9	
Serbie	22.247.376 12 5	
Montenegro. . .	204.755 19 9	
Roumanie . . .	21.393.662 2 8	
Portugal	18.575.000 2 8	
Grèce.	22.577.978 9 2	
Congo Belge . .	3 550.300 0 0	
		1.787.262.007 18 3
Secours :		
Autriche	8.605.134 9 9	
Roumanie. . . .	1.294.726 0 8	
Yougoslavie. . .	1.839.167 3 7	
Pologne	4.137.040 10 1	
Tchéco-Slovaquie	417.392 3 3	
Esthonie	341.681 14 2	
Lithuanie	16.811 12 4	
Lettonie.	20 169 12 4	
Hongrie.	79.997 15 10	
Arménie	77.613 17 10	
Commission interalliée du Danube. . . .	6.868 17 6	
		16.736.603 6 2
Autres emprunts :		
Tchéco-Slovaquie	2.000.000 0 0	
Arménie	826.634 9 3	
		2.829.634 9 3
Total.		1.806.828.245 13 8

(1) Y compris les intérêts, sauf pour la Belgique, la Serbie et la Russie.

X

Le moratorium de Cannes.

(13 janvier 1922.)

A la fin de la Conférence de Cannes la Commission des réparations fit paraitre le communiqué suivant :

La commission des réparations décide d'accorder au gouvernement allemand un délai provisoire pour les payements des échéances du 15 février 1922, pour autant que ces échéances ne soient pas couvertes par des payements en espèces déjà faits ou à faire et par des livraisons en nature ou le produit du « Recovery act », reçu ou à recevoir aux dates fixées ci-dessus sous réserve des conditions ci-après ;

a) Pendant la période de délai provisoire, le gouvernement allemand devra payer en devises étrangères approuvées la somme de 31 millions de marks or tous les dix jours, le premier payement devant être effectué le 18 janvier 1922 ;

b) Le gouvernement allemand devra, dans les quinze jours, soumettre à la commission un projet de réformes ou de garanties appropriées pour son budget et sa circulation fiduciaire, ainsi qu'un programme complet de payements en espèces et de livraisons en nature pour l'année 1922.

c) La période de délai provisoire prendra fin aussitôt que la commission ou les gouvernements alliés auront pris une décision sur le projet et le programme indiqués au paragraphe *b*), sauf ce qui pourra être prévu autrement dans cette décision. La différence entre le montant effectif payé pendant la période de délai provisoire et les sommes dues pendant la même période en vertu de l'état des payements, deviendra exigible et payable dans les quinze jours à partir de la date de la décision de la commission des réparations ou des gouvernements alliés, suivant le cas.

Quand le projet et le programme dont il est question ci-dessus auront été reçus par la commission des réparations, ils seront transmis immédiatement par la commission aux gouvernements alliés qui seront ainsi dans la situation ou bien de traiter la question eux-mêmes ou bien de la renvoyer à la commission des réparations pour être résolue par celle-ci.

TABLE DES MATIÈRES

APPENDICE

E. GREVIN — IMPRIMERIE DE LAGNY

A LA MÊME LIBRAIRIE

(Volumes à 5 fr. 75)

ANSTEY. — *Vice-Versa.* ROMAN.

G. APOLLINAIRE. — *L'Hérésiarque.*

BARBEY d'AUREVILLY. — *Polémiques d'hier.*

— *Dernières Polémiques.*

E. BARRET-BROWNING. — *Aurora Leigh.*

— *Poèmes et Poésies.*

BJŒRNSTJERNE-BJŒRNSON. — *Au delà des Forces.*

— *Un Gant ; Le Nouveau Système.*

LÉON BLOY. — *Belluaires et Porchers.*

— *Propos d'un Entrepreneur de démolitions.*

— *Le Salut par les Juifs.*

— *Résurrection de Villiers de l'Isle-Adam.*

ELEMIR BOURGES. — *La Nef.*

— *Le Crépuscule des Dieux.*

BRIEUX, DE L'ACADÉMIE FRANÇAISE. — *Théâtre complet.* LE VOL. 9 FR.

JACQUES CHARDONNE. — *L'Epithalame.* ROMAN, 2 VOL.

BENJAMIN CONSTANT. — *Lettres à sa Famille.*

ABEL FAURE. — *L'Individu et l'Esprit d'autorité.*

— *L'Individu et les Diplômes.*

PAUL GÉRALDY. — *Toi et Moi.* POÈMES.

ÉMILE GUILLAUMIN. — *La Vie d'un Simple* (JOURNAL D'UN FERMIER).

LÉON HENNIQUE. — *Un Caractère — Pœuf.* 2 FR. 80.

IBSEN. — *Le Canard sauvage.*

— *Solness le Constructeur.*

— *La Dame de la Mer. Un Ennemi du peuple.* 1 VOL.

J.-H. ROSNY. — *Le Bilatéral.*

— *L'Immolation.*

— *Le Termite.*

RUDYARD KIPLING. — *Lettres de Marque.*

— *Au Hasard de la Vie.*

— *La Cité de l'Epouvantable Nuit.*

— *Parmi les Cheminots de l'Inde. Une vraie Flotte.* — 1 VOL.

— *Nouveaux Contes des Collines.*

— *Trois Troupiers.*

— *Brugglesmith.*

— *Chez les Américains.*

KROPOTKINE. — *Autour d'une Vie.* MÉMOIRES. 2 VOL. A 5 FR.

— *La Grande Révolution.*

— *Champs - Usines - Ateliers.*

— *La Conquête du Pain.*

JEAN LORRAIN. — *Les Lépillier.*

— *Très Russe.*

— *Modernités.*

PIERRE MILLE. — *Paraboles et Diversions.*

MARLOWE. — *Théâtre.* 2 VOL.

T. de QUINCEY. — *Les Confessions d'un Mangeur d'Opium.*

— *Souvenirs autobiographiques du Mangeur d'Opium.*

SHELLEY. — *Œuvres Poétiques.* 3 VOL.

— *Œuvres en Prose.*

STRINDBERG. — *La Danse de Mort.*

SWINBURNE. — *Chants d'avant l'Aube.*

A. SCHNITZLER. — *Anatole.*

La Ronde.

PIERRE VEBER. — *Les Belles Histoires.*

OSCAR WILDE. — *Intentions.*

— *Le Crime de Lord Arthur Savile.*

— *Le Portrait de Dorian Gray.*

— *La Maison de la Courtisane.*

— *Une Maison de Grenades.*

— *Théâtre.* 3 VOL.

St. E. WHITE. — *Terres de Silence.*

TOLSTOI. — *Œuvres Complètes.* TRADUCTION LITTÉRALE ET INTÉGRALE SUR LES MANUSCRITS ORIGINAUX.

IMP. KAPP, PARIS-VANVES.

www.ingramcontent.com/pod-product-compliance
Ingram Content Group UK Ltd.
Pitfield, Milton Keynes, MK11 3LW, UK
UKHW022051260726
13993UKWH00001B/48

9 782329 175034